**자유의
포착**

낯선 자유의 가능성 ——————— # 자유의 포착

김동현 지음

앨피

위대한 긍정 선주에게

단지 짧은 시간 동안 사람들에게 공감을 얻는 글은 저급한 것이거나 일시적인 눈속임일 뿐이다.

"'말하기'가 공간에서 생생한 소리로 주고받는 영혼의 살아 있는 대화로서 강력한 정치적 레토릭을 발휘하며 즉각적인 영향력을 행사한다면, '쓰기'는 미약한 기록의 역할에 머무르며 그 가치를 시간의 흐름에 내맡긴다. '말하기'의 통쾌함은 '말하기' 하는 행위의 공간에만 한정되어 머무를 뿐 시간적[인] 한계 때문에 점차 영향력을 잃게 되지만, '쓰기'의 강렬함은 시간이 지날수록 축적된 기록의 문명으로 안착되어 서서히 그 진가를 발휘한다. 즉, '말하기'가 공간을 지배한다면 '쓰기'는 시간을 지배한다. 따라서 '쓰기'는 [지혜라는] 씨앗을 잉태한 채 시간에 [의지하며] 미래 세대에게 비법을 전수하는 묵언의 승리자이다."[1]

글은 퍼뜩 떠오르는 생각을 문자와 기호로 표현하고 상상력을 자극하며 흔적을 남긴다. 모든 글은 주관적이다. 그래서 글은 순전히 글쓴이의 자기고백이고, 그 사람의 이야기일 뿐이다. 책이 세상에 나와 빛을 보게 되면 글쓴이의 역할은 끝이 나고 오롯이 객관적인 검증의 과정만이 남는다. 주관적인 글이 시간이 흐른 후에 면모를 일신하고 새로운 차원의 통찰을 전면에 드러낸다면 그 글은 비로소 생명력을 얻고 제2의 청춘을 맞는다.

---

[1] 김동현, [서평]〈한국민주주의의 기록으로서 글쓰기〉,《의정연구》, 63호, 2021, 183~184쪽.

책을 통한 지적 대화는 글쓴이의 정신의 향기를 다른 사람이 맡는 것이고 그 향기에 울림이 곁들여져야 비로소 감동을 준다. 책은 두 가지 방식으로 그 가치를 인정받는다. 세상의 문제를 완벽하게 폭로하거나 문제에 대한 올바른 해결책을 제시할 때다. 두 방식 모두 책의 내용이 신선하고 새로운 생각을 담고 있거나 그 책을 읽은 사람이 공감을 해야만 가능하다. 이 책이 시간이라는 어깨 위에 잠시라도 걸터앉아 누군가에게 울림을 자아낼 수 있는 영예를 잠깐이라도 누릴 수 있기를 조심스럽게 소망한다.

번뜩하고 떠오르는 생각의 조각을 포착해서 단 하나도 놓치지 않고 고스란히 글로 옮기는 재능을 갖고 있지 못한 나에게 글쓰기는 공상만큼 즐겁지 않을뿐더러 매우 고통스러운 일이다. 자꾸만 흩어져 사라지려는 공상의 파편을 머릿속에 담아 두려 애를 쓰고 그 조각들을 논리적으로 엮어 내는 일은 또 다른 고통스러운 작업이다.

이 책은 나만의 책을 쓰기 위해 자발적 유폐를 선택한 이후 한 번도 구상하거나 기획하지 않은 상태에서 진행되었다. 그리고 이 책은 나에게 삶이 우연에 의해 어떤 결과를 만들어 낼 수도 있다는 사실을 깨닫게 해 준 색다른 경험이었다. 언제부터인가 다른 이의 글을 읽기보다는 내적공상을 통한 나 자신과의 대화에 익숙한 내게 책을 쓰는 일은 결코 만만한 일이 아니었다. 그래서 전혀 구상해 보지 않았기에 머릿속에서 맴도는 자유에 관한 생각을 정확한 문자와 기호로 포착하고 기록하는 일은 그리 쉽지만은 않았다. 하지만 책을 쓰는 작업은 언어의 매력과 사고실험의 세계로 다시 돌아오게 해 주었다고 고백한다.

삶은 정치다. 길고도 짧은 인간의 생애에서, 우리는 매 순간 정치적 선택의 갈림길에 놓여 있다. 하나를 택하면 다른 하나를 포기해야 하고, 가끔은 한 걸음 물러나 미래를 위해 지금 이 순간의 굴욕쯤은 아무것도 아니라는 듯이 두 눈을 질끈 감는다. 그렇게 인간은 각기 다른 이유로 선택하고 책임지며 살아왔고, 살아가고 있다.

신화, 종교, 철학, 과학, 감성, 이성이 지배담론으로서 뒤엉켜 등장하며 유구하게 흘러 온 방대한 역사는 어쩌면 더 자유롭기 위해 투쟁했던 우리 모두의 이야기인지도 모른다. 각 시대와 환경에 따라 그 모습은 천차만별이지만, 모두가 어제보다 오늘, 오늘보다 내일 더 자유롭기를 꿈꾼다는 점에서 인생이라는 고독한 항해의 종착지는 결국 하나다.

그 종착지인 "자유"에 대한 이야기를 담았다. 혹여 "자유란 무엇이다."처럼 깔끔히 떨어지는 답을 기대했다면, 작가인 나의 능력 부족이다. 그러나 개인적으로 자유란 단 하나의 개념으로 정의 내려질 수 없으며 정의해서도 안 된다고 생각한다. 보이지 않고 잡히지 않지만, 이를 포착하고자 하는 모든 형태의 발자취를 자유라 칭하고 싶다. 이것이 오랜 고민 끝에 '자유의 포착'이라는 제목이 탄생한 이유이다.

개인의 자유를 찾아 혹은 공동체의 자유를 찾아 지금도 지치지 않고 살아가는 모두를 존경한다. 퍼뜩 떠오르는 당신의 바로 그 생각이 자유를 향한 나침반이니, 익숙함에 갇혀 낯설음을 포기하거나 주저하지도, 전통이라는 관습에 얽매여 저버리지도 말라는 메시지를 그들에게 꼭 전하고 싶다.

잡풀의 강인한 생명력, 처음 보는 사람과의 우연한 대화, 다시는 보고 싶지 않은 사람에게 배우는 지혜, 생각을 정리하도록 도움을 준 사상가, 깊은 통찰을 담은 책, 마음을 뭉클하게 만들고 각별한 애틋함을 자아내는 사람과의 만남처럼 이 세상의 모든 책은 누군가에게 빚지고 있다. 이 책이 세상에 나오기까지 많은 사람들에게 빚을 졌다. 그래서 만남은 마음의 빚짐이다.

미국 뉴욕주의 이타카에 있던 자신의 집에 나와 내 아내를 초대해서 하룻밤을 지내게 해 주었던 내 삶의 고마운 첫 번째 선생님이자 석사과정 지도교수인 조셉 슈와르츠Joseph M. Schwartz를 잊지 못한다. 나는 여전히 그에게 너무나 큰 마음의 빚을 지고 있고 스승으로서 그의 관대함에 정말 감사한다. 영국의 박사학위 지도교수인 폴 그라함Paul Graham의 무한한 인내와 결코 도달할 수 없는 사려 깊은 배려 그리고 인격적인 지원이 없었다면 이 책은 세상의 빛을 보지 못했을 것이다. 내 인생의 가장 힘든 시기에 폴에게 보냈던 첫 번째 이메일부터 지금까지, 무엇이라고 말할 수는 없지만 그와는 말하지 않아도 통하는 동질감과 유대감을 느낀다. 물리적인 거리 때문에 더 많은 이야기를 나누지 못하는 것이 아쉽다.

자유로운 우정과 만남의 기쁨을 알게 해 준 소중한 친구들인 강동명, 강정훈, 고영한, 김성균, 김용진, 김주찬, 김현주, 노성원, 박노철, 배성진, 서영환, 송대현, 윤순욱, 조관하, 최철환에게 감사한다. 어쩌면 먼저 간 박노철은 비자유에서 벗어난 홀가분함을 이미 알고 있을지도 모르겠다. "한 친구가 다른 친구의 죽음을 견뎌 내야 한다는 것이 우정의 냉혹한 법칙"[2]이지만, 오랫동안 같이하고 싶다는 마음을 전한다. 살아 있는 모든 존재는 한결같이 자유를 갈망하듯이 언급한 이들도 자신만의 자유를 꼭 찾기를 진심으로 바란다.

책의 대략적인 윤곽과 그중 한 부분을 성신여자대학교 동아시아연구소 컬로퀴엄에서 발표할 기회를 가졌다. 발표할 기회를 제안해 준 한의석 교수에게 고맙다. 귀중한 시간을 내준 연상모, 정진화, 한의석, 대학원생들인 김겨울, 김지현, 유나, 이소민, 이현주에게 고마움을 전한다. 특별히 정진화 교수는 책의 제목을 고민하고 있다는 얘기에 그 자리에서 제목을 제안해 주었다. 이 자리를 빌려 고맙다고 말하고 싶다. 컬로퀴엄 발표를 위해 준비했던 서양 미술의 변천사를 책의 내용에 넣으면 독자의 이해가 좀 더 빠를 것 같다는 그들의 제언을 수용하지 못해 미안하다.

학문 공동체라는 매개를 통해 관계의 의미를 깨닫게 해 준 강신구, 강정인, 강주영, 곽진영, 김남국, 김동엽, 김명환, 김범수, 김병욱, 김비환, 김상기, 김삼량, 김상묵, 김용민, 김욱, 김주형, 김주희, 김태완, 김형국, 문경연, 문병철, 문충식, 류석진, 류재현, 박상규,

---

[2] 장 그롱댕, 《현대해석학의 지평》, 최성환 옮김, 경기: 도서출판 동녘, 2019, 190쪽.

10 \ 자유의 포착

박성우, 박수인, 박원호, 박의경, 박인규, 박정희, 박지영, 박희봉, 배영자, 백훈, 변진석, 서유경, 손민석, 손병권, 송용찬, 신인섭, 신정섭, 신준섭, 신철희, 신효숙, 심세현, 심승우, 에르덴수렝, 엠.사랑토야, 윤비, 윤석민, 윤지환, 윤태룡, 이규성, 이기중, 이무철, 이성우, 이승주, 이인배, 이정진, 이혁주, 이혜정, 임경석, 임금희, 장현근, 장혜영, 장훈, 전세영, 정인경, 조윤영, 주용식, 최동주, 최영진, 최치원, 함동주, 허연, 홍태영에게도 감사한다.

비록 정치사상이 외면 받는 힘든 현실이지만 수업에서 만나 같이 공부할 수 있는 소중한 기회를 가졌던 학생들에게 고마움을 전한다. 자유의 미래를 제각각 빛내 줄 내 소중한 학생들인 강세희, 김경민, 김고은, 김관준, 김다슬, 김대영, 김민하, 김은성, 김주희, 김태우, 김하늘, 김하영, 김향연, 김호형, 나은솔, 남궁민, 남은미, 류다빈, 박성우, 박성혁, 박세진, 박시현, 박용겸, 박유현, 박진아, 변서영, 서재덕, 서지효, 서태경, 송민상, 안정근, 우아정, 우유경, 유동민, 이계복, 이소휘, 이승민, 이정진, 이준우, 이현아, 이형민, 장비단, 정다현, 정소현, 정영선, 조창주, 주보배, 최승은, 한은수, 허석우, 허지수에게 고맙다. 때로 소중한 것에 대한 희생이 완전한 자유에 비등할 만큼, 혹은 그보다 더 빛난다고 느끼는 순간이 인생에서 종종 찾아온다. 그러한 각별함 또한 가치가 있음을 깨닫게 해 준 박유현에게 특별한 감사를 전한다.

책의 출판이 지연되었을 때, 몇 해 전 우연하게 만났던 소중한 기억에 기대어 급하게 출판을 요청했는데도 기꺼이 응락해 준 앨

피출판사에도 고마움을 전한다.

또한 이 책은 비록 이름은 알지 못하지만 새로운 자유의 의미를 발견하고 이를 알려 주기 위해 숱한 억압과 박해에도 불구하고 자신의 소중한 생명까지 기꺼이 희생하며 자유의 가치를 외쳤던 선각자들에게 빚을 지고 있다. 비록 그들이 살았던 시대에는 패배자로 낙인찍혔을지 모르지만 그들의 용기는 자유라는 가치의 빛을 하나씩 밝혀내고 자유의 폭과 깊이를 확장하는 데에 기여했다. 부디 이 책이 그들이 묵묵히 기다려 왔던 복권의 시간이 되기를 바라고, 그들이 진정으로 역사의 승리자라는 사실을 기록으로 남긴다.

마지막으로 내가 알고 있는 그 누구보다 투명한 마음을 가졌고 부당한 권위에 분노할 줄 아는 진정한 자유인이자 내 삶에서 가장 빛나는 친구인 존경하고 사랑하는 아내 장선주에게 이 책을 바친다. 힘들었던 모든 순간마다 얼굴 한 번 붉히지 않고 손을 내밀어 주고 공상의 자유를 마음껏 누리게 해 준 선주에게 고마움을 전한다.

만남과 이별은 시간의 흐름에서 보면 순간이다. 그렇지만 그 순간을 마음에 잡아 두면 영원이 된다. 사람은 아마 이 영원을 찾기 위해 존재하는지도 모른다. 좋아했던 그리고 좋아하는 사람에게 영원으로 기억되기를 소망한다.

책을 써야 한다는 부담 때문에 늘 괴로웠던 나는 지금 솔직히 조금 자유롭다. 또 다른 고통의 시간으로 몰고 갈 두 번째이자 마지막 책이 나를 기다리고 있지만 이 순간만큼은 자유로움을 누리고 싶다. 이 책에서 얘기한 자유에 관한 아주 작은 생각이 반박되지 않는다면 그것은 정직한 허영심을 품은 오만한 생각에 굴복하는 슬픈 현실이 될 것이다. 누군가가 봉우리를 뛰어넘는 획기적인 자유에 관한 통찰을 제시해 주길 기대한다.

대화에는 나 자신과의 내면적 대화, 나와 책의 간접적 대화, 나와 너의 직접적 대화, 이렇게 세 가지가 있다. 나든 책이든 너든 하나의 순수한 만남은 항상 대화하는 상대방에게 영향을 미친다. 이 책이 제기하는 자유에 관한 아주 작은 생각이 열린 귀를 가진 사람에게 스며들어 내면적 대화를 북돋우고 단절되지 않은 대화로 이어지기를 바란다. 그리고, 당당하고 치열하게 자유를 포착하기 위해 지금도 어디에선가 고독한 길에 서 있을 이들의 포기하지도 사멸하지도 않는 긍정적인 힘을 기대한다.

삶이 정치이고 인생이 자영업인 현실에도 불구하고, 그 발자취 하나하나가 모여 서서히 세상을 바꾼다고 나는 여전히 믿는다. 그들의 여정에서 이 책이 희미하게나마 빛을 비추는 등대가 되어 누군가에게 자유를 생각할 자유를 포착하는 순간을 자극한다면, 나에게는 그 어떤 것과도 견줄 수 없는 영광일 것이다.

차례

1장

서론

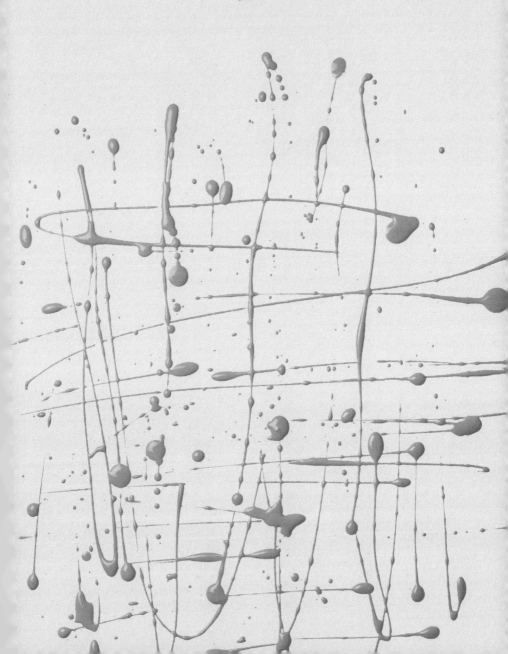

바람이 손을 통과하는 그 순간의 느낌을 표현하는 것이 가능할까? 만약 가능하다면 그 느낌을 어떻게 표현할 수 있을까? 달리는 차의 창문을 열고 차 밖으로 팔을 뻗어 손을 오므리면 바람과 마주친 손을 통해 전해 오는 묵직한 공기의 저항을 바람의 감각이라고 느낀다. 손을 스치는 바람의 감각을 자각한 순간, 그 바람은 이내 손을 빠져나가고 새로운 바람이 지속적으로 손의 감각을 자극한다. 손으로 잡으려고 하면 잡히지 않고 새로운 바람이 손을 스치는 그 순간의 느낌을 우리는 마치 손에 넣은 듯이 바람의 흔적으로 기억한다.

자유의 실재를 확고하게 믿는 사람은 마치 바람의 실체를 감각을 통해 전달받은 정신의 인식으로 그 본질을 파악할 수 있다고 믿는 어린아이와 같다. 자유가 있는 것 같기도 하고 없는 것 같기도 하다고 생각하는 사람은 온전히 자신만의 개별적인 경험만으로 자유의 의미를 파악하고 기쁨과 슬픔 사이를 오가는 우울한 회색 지대의 삶에 갇혀 방황하는 것과 같다. 진정한 자유는 없다고 확신하는 사람은 내면의 속박에서 벗어나지 못한 채 이 세상에 이별을 고하기 위해 삶의 마지막 의식을 준비하는 첫발을 떼는 것과 같다.

사회적 관계는 사람을 자유롭게 내버려두지 않는다. 관계는 권력을 동반하기 때문이다. 개인의 내적 불안과 걱정 역시 사람이 자유로울 수 있는 가능성을 빼앗는다. 외적 제약에 따라 하고 싶지 않은 일을 해야 한다거나 내적 갈등으로 인해 내키지 않은 일을 해야 할 때 느끼는 마음의 불편함은 완전한 자유가 보장되어 있지 않다는 증거다. 제도적으로 보장된 자유라고 하더라도 사람들이 요구하는 만큼 구체적이고 실질적인 자유를 완벽하게 만족시키기 어렵기 때문에 사람은 자유로울 수 없다. 쉽게 말해서, 외적 제약과 내적 불안은 자유의 가능성을 훼손한다. 그래서 사람은 본질적으로 자유롭기 어려운 존재다.

자유는 처음 손 안에 들어왔던 바람을 지각하는 것처럼, 그 실체를 파악하는 순간 또 다른 자유를 생각하게 만든다. 바람을 경험한 손의 감각처럼, 자유도 머릿속에 각인되어 고정된 존재의 자유로 자리를 잡으면 이내 또 다른 바람이 이전의 바람을 밀어내듯이 새로운 생성의 자유가 지속적으로 드러나고 자유에 관한 새로운 인식의 전환을 자극한다. 인간의 역사는 자유의 획득과 상실의 끊임없는 투쟁의 기록이다. 진리는 결코 가볍지 않다. 자유라는 진리를 찾는 과정은 결코 쉬운 길이 아니다.

사람의 권리를 향한 무한한 욕망과 끊임없는 욕구는 새로운 자유를 촉발한다. 자유는 삶의 굴곡을 투영하는 지표이기에 지칠 줄 모르고 지속적으로 새롭게 요청된다. 이상적이고 흠결 없는 자유, 완벽한 자유는 없다. 만약 완벽한 자유가 있다고 생각한다면, 그것은 마치 바람의 흐름을 손을 통해 바람이라는 존재로 느끼는 것처럼 고정된 형태인 존재의 자유를 순간적으로 지각하는 것일 뿐이다. 자유는 결코 하나만의 개념으로 규정할 수 없고 수많은 사람들의 서로 다른 이상과 다양한 가치에 따라 끊임없이 새로운 형태의 자유를 발견하는 것이다. 수많은 사람들이 자유롭다고 느끼는 인식은 제각각이기 때문에 자유는 결코 쉽게 범주화하기 힘들다. 이렇게 자유는 완결된 실체가 없지만 실체로 파악하려고 하는 노력을 통해 자유의 의미를 찾아 나가는 것이다. 그래서 자유는 존재의 자유의 자리를 생성의 자유가 밀어내면서 덧놓거나 포개진 인식의 산물이다. 자유는 원래 사람이 가지고 있었지만 미처 깨닫지 못했거나 자유라고 여기지 않았던 자유를 끊임없이 발굴하는 작업이다. 따라서 자유는 한시적이고 잠정적이지만, 사람이 자유를 포기하지 않는 한 자유도 사람을 포기하지 않는다. 살아 있는 모든 존재는 한결같이 자유를 갈망한다. 자유는 결코 완결될 수 없고 끊임없이 찾아 가는 것이고, 자유를 생각할 새로운 자유를 포착하는 순간 사람은 자유롭다. 모든 것이 그렇지만 자유 역시 성찰하고 성장한다.

자유의 속성에 관한 인식론적 논의라 할 이 책의 구성은 다음과 같다.

2장 자유의 다의성: 인간은 자유로운가? 삶이 주는 무게만큼 사람마다 자유로움을 느끼는 정도가 차이 나기 때문에 인간은 자유롭지만 자유롭지 않다. 그렇다면 인간의 인식 틀과 언어로 자유를 뜻매김할 수 있을까? 언어의 사용에서 단어는 그 단어가 지시하는 속성을 정확하게 포착할 수 있게 해 주지만, 개념은 그 실체가 모호하기 때문에 의미를 정확히 붙잡기 어렵다. 자유는 개념 자체가 가진 변화무쌍한 속성 때문에 그 실체를 명확하게 정의하기 어렵고 다의적인 의미를 내포하고 있어서 다양한 해석이 필요하다.

3장 개인적 자유의 세 가지 유형(생각의 자유, 의지의 자유, 행위의 자유): 개인적 자유는 세 가지 유형을 가진다. 첫째, 생각의 자유는 내면의 대화를 통해 만들어진 정신활동의 결과물이고, 이렇게 포착한 내면적 인식을 자신이 원하는 대로 인식 대상에 투영하여 판단을 내린다. 생각의 자유는 개인의 내면에서 일어나는 주관적인 감정 상태이기 때문에 보편적인 자유의 요건을 충족한다고 보기 어렵다. 둘째, 의지의 자유는 생각의 자유를 규정하고 판단하는 규범적인 정신활동이고 행위의 자유를 실행하기 위한 전제 조건이다. 의지의 자유는 의식적이고 자발적인 행동을 이끄는 인간의 내적 욕구에 대한 격려이자 자신이 설정한 목표를 실행하도록 추동하는 확고한 마음의 결정이다. 셋째, 행위의 자유는 생각의 자유가 자신의 욕구나 타인의 명령에 의존하지 않고 자율적인 의지의 자유에 따라 행위를 실행하는 보편적 자유의 형태를 띤다. 행위의 자유는 자율적 의지에 따라 결정한 선택에는 반드시 그에 상응하는 책임이 뒤따른다는 사실을 충분히 인지한 상태이고, 이 경우 인간은 비로소 자유로울 수 있는 자격을 갖는다.

4장 유토피아, 자유, 권력: 인류의 역사는 유토피아를 향한 인간 욕망의 끊임없는 갈등과 투쟁의 시간이다. 인간은 이상적인 희망을 전제로 자신만의 상상력을 분출시키며 유토피아라는 안식처에 도달하기를 원한다. 냉혹한 현실에서 탈출하고 싶은 욕망과 그런 현실을 회피하고 싶은 바람은 인간에게 유토피아라는 가상 세계에 도달할 수 있다는 희망을 꿈꾸게 한다. 유토피아를 꿈꾸는 이유는 충족되지 않은 인간의 무한한 욕망이 막연히 그 '어떤 것'이 존재할 것이라는 근본적 낙관주의의 매력에서 벗어나지 못하기 때문이다. 그래서 인간은 도달할 수 없는 비장소utopia를 상정해서라도 유토피아라는 장소topia를 실현할 방편을 찾기 위해 희망이라는 상상의 나래를 펼치며 그 의미를 찾는다. 이처럼 유토피아는 인간의 욕망이 상상력과 결합하여 낙관적인 의미를 부여하고 '어떤 것'을 찾을 동기를 제공한다. 결국 유토피아는 인간의 욕망과 상상력을 바탕으로 이 '어떤 것'을 극대화하는 장소이자 희망을 꿈꾸게 하는 제작소인 것이다. 따라서 유토피아에 대한 열망은 사람마다 다른 인식 정도에 따라 욕망과 희망을 조율하고 이 '어떤 것'의 실체를 자유라는 모습으로 표출한다. 인간 사이에 첨예한 갈등이 촉발되는 근본적인 이유는 무한한 욕망과 이를 저지하려는 이성의 충돌 때문이다. 이때 인간의 욕망과 이성이 벌이는 우선순위 다툼에 권력이 중재를 자처하며 슬그머니 끼어든다.

5장 자유와 실존의 융합: 모든 지배담론은 자연의 질서가 자기편에 있다고 주장하고 제 행위를 정당화하기 위해 자신이 강조하는 규준을 제시한다. 결국 지배담론은 권력과 밀접한 관계를 맺고 자유의 넓이와 깊이를 규정한다. 고대적 자유는 주권이 집단적이고 직접적으로 행사되는 주권 전체를 의미하고, 중세적 자유는 종교적 목적론에 입각한 결정론이며, 근대적 자유는 개인적 권리를 바탕으로 간접적인 주권 행사를 통해 사적 활동에서 얻는 결과를 향유한다. 현대에 접어들어 자유는 인간의 실존과 결합한다. 실존은 주술적 존재, 형이상학적 지성, 초월적 구원, 실증적 검증에 따라 구축된 고정불변의 필연적인 구조를 세우는 작업을 거부한다. 따라서 인간의 실존은 자유의지를 견인하는 가장 중요한 핵심축이다. 실존의 자각은 신화적 상징, 철학적 본질, 종교적 권위, 과학적 사실이라는 지배담론의 전통에서 벗어나 인간이 자유의지를 실현할 수 있는 선택의 기회를 제공한다. 하지만 역설적이게도, 실존적 인간의 근원적인 속성인 불안과 허무는 자유의지를 버리고 개인적 자유를 정당화하는 데에 실패한 채 자유의 가능성을 정서적 빈곤으로 대체한다.

6장 자유의지와 결정론: 자유의지는 있는가? 라는 질문은 곧 인간은 결정론의 지배를 받는가? 라는 질문과 대척점에 있다. 결정론과 자유의지는 행위의 근거와 대안의 관계를 인과적으로 이해하느냐 아니면 개념적으로 판단하느냐의 차이다. 결정론은 원인이 있으면 반드시 필연적인 결과가 따른다는 인과론에 초점을 맞춘다. 반면 자유의지는 원인과 상관없이 인간이 행동방식을 결정한다면 그 행위가 일어나는 근거가 결코 원인이 될 수 없다는 입장이다. 행위가 일어나는 근거는 인과론과는 차별적으로 규범적 속성을 내포하고 있으며, 행위에 책임을 부여하는 자유는 규범적 근거에 따라 행동하는 자유의지다. 정리하면 자유의지는 행위가 일어나게 하는 과정에 초점을 맞추고, 결정론은 행위의 결과를 강조한다. 결정론과 자유의지의 이해를 도모하기 위해 결정론, 양립가능주의, 양립불가능주의, 자유주의자의 철학적 논쟁을 검토하고 자유의 본질과 속성을 규명한다.

7장 존재의 자유, 생성의 자유, 창발의 자유: 존재의 자유는 동일성에 주목하고 고정된 하나의 가치로서 보편적인 속성을 갖는다. 또한, 존재의 자유는 부동성을 기반으로 기존의 체계를 고집하고 닫힌 공간에 안주하려고 하며 제도적으로 고착된 자유에 만족한다. 반면에 생성의 자유는 차이성에 주목하고 자유 개념이 확장되는 현상의 인과성을 상대주의적 속성으로 파악한다. 생성의 자유는 개방적이고 역동적이고 운동성의 경향을 띠고, 직관적으로 새롭게 자각한 개인적 권리를 자유로 바꾸어 지속적으로 새로운 자유의 의미를 창출한다. 존재의 자유는 자유의 범주로 규준화되어 특정한 시공간에서 잠정적인 자유의 질서로 안착되고, 생성의 자유는 존재의 자유가 놓친 틈을 비집고 들어가 새로운 자유의 목록과 항목을 보강한다. 따라서 존재의 자유는 익숙한 자유의 실재이고, 생성의 자유는 낯선 자유의 가능성이다. 창발의 자유는 우연한 순간에 퍼뜩 찾아낸 자유의 목록과 항목을 필연적인 규준으로 탈바꿈하도록 자극한다. 창발의 자유는 존재의 자유에서 생성의 자유로 전이하도록 익숙한 자유의 실재를 낯선 자유의 가능성으로 승화시켜 이어 주는 디딤돌의 역할을 수행한다.

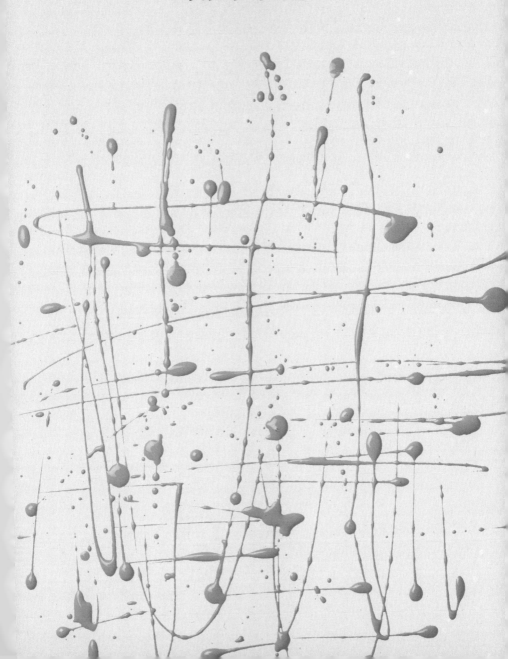

2장
—

자유의 다의성

1. 자유 개념 정의의 어려움

사람은 자유로운가? 삶이 주는 무게만큼 자유로
움을 느끼는 정도는 사람마다 차이가 있기 때문에 사람은 자유롭
지만 자유롭지 않다. 그리고 자연과 사회의 불공정한 여건은 사람
의 자유를 끊임없이 제약하기 때문에 완전한 자유를 누리기 쉽지
않다. 하지만 사람의 정신만큼은 완전히 자유로울 수 있다. 왜냐하
면 사람이 자신이 처한 제약과 구속에서 벗어나고 싶어 하는 간절
한 바람은 제약과 구속에서 벗어나고자 하는 노력과 극복의 과정
을 거치면서 새로운 자유 개념을 만들어 내기 때문이다.

자유는 원래 실체가 없는 개념이다. 자유의 실체를 어떤 하나의
개념으로 규정하면 그 개념의 속성에 대한 문제점과 한계가 드러
나게 되고 그 개념은 곧바로 의미를 상실한다. 만약 어떤 사람이
자신의 자유가 제한되었다는 사실을 깨닫는다면 이는 그 사람의
자유가 결핍되었다는 것을 뜻한다. 자유의 결핍은 기존의 자유 개
념에 더해 새롭게 드러난 또 다른 속성을 가진 자유 개념을 만들어
낸다. 사람은 본래 제약과 구속이 짓누르고 있을 때에는 자유롭지
않다고 생각하지만, 자신이 추구하는 자유를 되찾기 위해 노력하
는 순간만큼은 자유롭다고 느낀다. 물론 자유롭지 않다고 느끼는
사람이 자신의 결핍된 자유를 구체적으로 요구하는 경우, 그 사람
에게는 당연히 고통이 따른다. 왜냐하면 제약과 구속은 자유의 결
핍 때문에 새로운 자유를 요구하는 사람의 자유로운 생각과 의지

와 행위를 가로막기 때문이다. 따라서 사람은 항상 자유와 비자유를 동시에 경험하고 자유의 결핍과 비자유의 속박에서 벗어나기 위해 또다시 새로운 자유를 요구한다. 자유의 본질적인 속성은 구속과 속박으로 자유가 제한되었거나 개인적 권리[1]가 결핍되었다고 자각하는 순간 또다시 새로운 자유를 요구한다. 따라서 자유의 결핍은 새로운 자유가 싹트도록 동기를 부여한다.

그렇다면 사람은 언어로 자유의 의미를 정확하게 정의할 수 있을까? 언어의 사용에서 단어는 그 단어가 지시하는 대상의 속성을 명확히 포착하게 해 주지만, 개념은 실체가 모호하기 때문에 개념의 속성을 정확하게 파악하기가 쉽지 않다. 단어는 '하얗다' '동그랗다'처럼 어떤 대상을 지칭하는 성질이나 형태를 명확히 묘사해 그 뜻을 파악하기 수월하게 하거나, '많다' '적다'처럼 파악하고자 하는 대상을 정도의 차이로 확연히 구분해서 측정하게 해 준다. 하지만 개념은 개념의 실체를 파악하기 위해서 또다시 부수적인 설

---

[1] 우리는 보통 '권리'를 소유한다는 의미에서 '가진다'고 말한다. 권리를 가진다고 할 때 생명, 자유, 행복의 추구처럼 인간에게 천부적으로 부여된 일반적인 의미의 권리만을 떠올린다. 하지만 또 다른 측면에서 '권리를 가진다'는 '저항 활동, 입법화, 집합 행동, 제도 구축 등을 통해' 합법적으로 권리를 주장하고 이러한 행위가 가능하도록 하는 활동에 참여한다는 의미다. 맥스웰Maxwell은 권리를 가진다는 의미를 자연적으로 존재하는 천부적인 소유 개념으로 파악하기보다 사람들이 정치적으로 만들어 나가는 것이라고 주장한다. 군도두Gündoğdu는 권리가 대중적인 지지, 행동, 요구, 주장 등에 달려 있는 '정치적 실천'이라고 말한다. Ayten Gündoğdu, *Rightness in an Age of Rights*, New York: Oxford University Press, 2014, p. 182; 라이다 맥스웰, "권리들을 '가질' 권리," 스테파니 데구이어 외 4인, 《권리를 가질 권리》, 김승진 옮김, 서울: 위즈덤하우스, 2018, 69~88, 74쪽.

명을 덧붙여야 한다. 그리고 개념의 속성을 설명할 방편으로 개념을 재규정하거나 또 다른 새로운 개념을 끌어와서 그 개념을 다시 분석하고 정립해야 하기 때문에 개념의 본질적인 의미를 확실하게 포착하기는 매우 어렵다. 또한, 개념을 정의하기 위해서는 그 개념의 본질적인 속성을 정확한 언어로 구체적으로 표현해야 한다. 특히 추상적인 개념의 속성을 분석하고 그 내용을 표현해야 하는 경우, 그 개념의 확연한 의미를 파악하기란 더 어렵다. 따라서 명확하고 확실하게 뜻을 파악하기 쉬운 단어에 비해 개념은 상대적으로 그 의미를 파악하기가 쉽지 않다.

실체를 파악하기 어려운 개념을 이해하기 위해서는 인식이 대상과 일치하는지에 대한 탐구가 선행되어야 한다. 제임스James는 "의식은 조각조각 잘게 자르지 않은 것처럼 보인다. '사슬chain'이나 '기차train'와 같은 단어들은 의식 개념 자체를 적절하게 묘사하지 않는다. [반면에 의식은] 흐름flow을 뜻한다. '강river' 또는 '개울stream'은 가장 자연스럽게 묘사한 은유이다. 우리는 [의식을] 생각의 흐름, 의식의 흐름 또는 주관적인 삶의 흐름"으로 파악한다.[2] 개념 파악은 이러한 의식의 흐름 속에서 주관적 인식을 통해 고정된 실체를 붙잡는 것이다. 결국 사람의 의식은 주관적이므로 개인마다 자유 개념의 속성에 대한 이해가 서로 다를 수밖에 없다. 이런 점에

---

[2] William James, *The Principles of Psychology*, in two volumes, New York: Henry Holt and Company, 1890, p. 239.

서 자유는 객관적으로 파악할 수 있는 개념이라기보다 사람의 주관적 인식에 의해 다양하게 정의되는 개념이다.

주관적 인식으로 도출된 개념에 객관적 속성이 있는지 검토하는 방법은 분석판단과 종합판단이 있다. 분석판단은 주어가 이미 술어의 개념을 내포하고 있으므로 어떤 추가적인 정보 없이 개념의 속성을 사실 그대로 설명하는 것이다. 분석판단에는 주어 속에 술어의 내용이 이미 포함되어 있기 때문에 내용을 더 보탤 필요가 없다. 예를 들면, '공은 둥글다'처럼 'A는 A다'라고 분석하고자 하는 개념(A=공)을 설명(A=둥글다)에 대응시켜 개념의 본질적 속성을 정확하게 설명하는 것이다.

반면에 종합판단은 주어 개념 안에 술어 개념이 포함되어 있지 않고 주어 개념에 부가적인 정보를 덧붙이는 방식이다. 이 경우, 주어가 술어의 개념을 포함하고 있지 않기 때문에 주어의 내용을 보충하거나 추가하게 된다. 그래서 종합판단은 개념을 정의하기 위해 경험적 지식과 직관적 상상력을 발휘하여 개념적 정의에 따라 또 다른 의미를 이끌어 낸다. 이는 분석판단과 달리 개념을 정의하고자 하는 사람이 독자적인 관점을 제시하고 이를 바탕으로 개념을 새롭게 정의하는 방식이다. 예를 들면, '이 공은 하얀색이다'처럼 'A는 B다'라고 속성을 파악하고자 하는 개념(A=공)의 특성을 새롭게 분석(B=하얀색)하는 것이다.

따라서 자유 개념은 분석적 판단('A는 A다'처럼 개념의 속성을 사실 그대로 분석하고 설명하는 것)이 아니라 종합적 판단('A는 B다'처럼 개넘에 새로운 의미를 부여하고 해석하는 것)으로만 설명할 수 있다. 포퍼Popper는 "사회과학의 대상은 전부는 아닐지라도 대부분이 추상적인 대상이다. 그것은 이론적으로 꾸며 낸 것이다"라고 주장한다.[3] 결국 개념의 의미를 이해하기 위해서는 개념의 의미를 밝히고자 하는 사람이 의도적으로 개념적 정의를 함으로써 개념을 재규정하는 수밖에 없다. 최근 이렇게 자유 개념을 재규정한 대표적인 사례가 페팃Pettit의 '비지배non-dominance'[4]이다. 페팃은 '비지배'라는 실체적 개념을 제시하여 공화주의적 관점에서 자유 개념의 분석을 꾀한다. 이렇듯 종합판단은 분석자의 주관적 판단을 추상적 개념으로 대상화시켜 재규정함으로써 그 개념의 본질적 속성과 의미를 더 확실하게 포착한다.

그러나 그 개념적 정의가 해당 개념의 속성을 정확하고 완벽하게 포착했는지는 언제나 의문이다. 왜냐하면 개념의 속성에 대한 올바른 분석은 새로운 이론을 제시하고 진리를 규명하는 것처럼 항상 반증가능성falsifiability[5]을 갖고 있기 때문이다. 따라서 개념을

---

[3] Karl Popper, *The Poverty of Historicism*, London: Routledge & Kegan Paul, 1961, p. 135.

[4] 공화주의적 관점에서 페팃이 제시한 자유 개념은 근대적 자유보다 고대적 자유를 강조한다는 한계가 있다. 하지만 자유를 '비지배'라는 실체 개념으로 규정하고 분석을 시도한 것은 나름대로 학술적인 가치가 있다고 할 수 있다. Philip Pettit, *Republicanism: A theory of Freedom and Government*, Oxford: Oxford University Press, 1997; Philip Pettit, *Just Freedom: A Moral Compass for a Complex World*, New York: W. W. Norton & Company, 2014.

[5] 포퍼는 이론이 오류가능성을 가졌을 때에만 현실적이라고 주장한다. 진리 탐구의 오류가능성은 독단적인 신념 체계와는 전혀 다른 것이고, 개념의 설정과 그 개념의 속성에

정의할 때 반드시 염두에 두어야 하는 것은 개념에 대한 실체적 분석이 보편적 속성을 내포하느냐의 여부다.

헤이우드Heywood는 사람의 관점에 따라 자유 개념은 매우 다양하다고 말한다. 저마다 가진 가치와 신념 차이 때문이다. 헤이우드에 따르면, 자유주의자들은 자유를 최상의 개인적 가치로 여긴다. 고전적 자유주의는 "외부의 강제가 없는 상태"를 뜻하는 소극적 자유를 강조하고, 현대의 자유주의자들은 "개인의 발전과 번영"이라는 의미로 적극적 자유를 지지한다. 보수주의자들은 자유를 "책임과 의무의 자발적인 인식"으로 간주하고, 소극적 자유가 사회구조를 위협한다고 본다. 사회주의자들은 적극적 자유를 옹호하고 "자유로운 창조적 노동이나 집단적인 사회적 상호작용을 통해 성취되는 자기충족"을 자유라고 여긴다. 자유는 어떠한 형태의 정치적 권위와도 조화될 수 없다고 믿는 무정부주의자들은 자유를 절대적 가치로 간주한다. 자유는 단순히 혼자 있는 것이 아니라 "합리적으로 자신의 의지와 명령에 따르는 개인적 자율성의 성취"로 이해한다. 파시스트들은 어떠한 형태의 개인적 자유도 허튼소리라고 주장한다. 그들에게 개인의 진정한 자유는 "지도자의 의지에 아무런 의심 없이 복종"하며 국가공동체에 흡수되는 것이다. 생태주의 중에서도 인간 중심의 세계관을 비판하는 심층생태주의자들은 자유를 동일성oneness의 성취, 즉 생물권이나 우주 속으로 개인적

대한 설명은 모든 학문 영역에서 완벽한 이론은 불가능하다는 것을 의미한다.

자아를 흡수시키는 자아실현으로 간주한다. 정치적 자유와는 대조적으로, 이것은 종종 내적 자유, 즉 "자아실현의 자유"로 간주된다. 종교적 근본주의자들은 "자유를 본질적으로 내적인 혹은 영적인 성질의 것으로 본다. 자유는 계시된 신의 의지에 따르는 것, 즉 종교적 권위에 대한 순종과 결부된 영적 충만을 뜻한다."[6]

이렇게 자유는 개인의 내적 욕구와 외적 제약의 정도에 따라 저마다 추구하는 자유의 내용과 방법이 달라서 단 하나의 명료한 실체 개념으로 규정하기가 쉽지 않다. 자유 개념은 사람의 수만큼이나 종류가 다양하고,[7] 개인의 관점과 신념에 따라 다의적인 의미를 가져 그 분석과 해석 또한 다양할 수밖에 없다. 자유 개념 자체가 가진 변화무쌍한 속성 때문에 그 실체를 명확하게 뜻매김하기가 힘들다.

2. 자유 개념이 다의적인 이유

자유 개념을 정의하기 위한 기본적인 물음은 '나는 자유로운가?'이다. 이 질문에 대한 즉각적인 대답은 '자유롭다'

---

[6] 앤드류 헤이우드, 《사회사상과 정치 이데올로기》, 양길현 · 변종헌 옮김, 서울: 오름, 2014, 55쪽.

[7] 벌린Berlin은 자유의 개념이 200가지가 넘는다고 말한다. Isaiah Berlin, "Two Concepts of Liberty," *Four Essays on Liberty*, Oxford: Oxford University Press, 1969, p. 121.

또는 '자유롭지 않다' 중 하나일 것이다. 만약 이 물음에 즉시 대답하지 못하고 망설인다면 그 이유는 자유 개념이 내포하고 있는 몇 가지 요인 때문이다.

첫 번째는 개인의 내적 요인이다. 자유를 체감하는 정도의 차이는 개인의 성격, 기질, 성향에 따라 다르다. 사람이 얼마만큼 자유로운지는 다분히 주관적인 속성을 가지고 있기 때문에, 마음속으로 자유롭다고 느끼면 비록 무지한 상태라고 하더라도 자유로운 것이다. 그러나 다른 사람이 보기에는 자유로울 수 있는 조건을 충분히 가진 사람이라고 하더라도 당사자가 자유롭다고 느끼지 못한다면 이는 그 사람의 내적 심리 탓이다. 이 경우 '나는 자유로운가?'라는 질문은 '나는 얼마나 자유로운가?'를 묻는 것과 같다. 이 경우에 내적 욕구의 조정은 구속과 속박의 정도를 자신이 직접 결정하는 것이 된다. 자유를 개인적 요인으로 파악하는 것은 각 개인의 주관적인 감정 차이를 말하는 것이다. 자유는 사람의 마음먹기에 달려 있다는 의미로, 개인의 심리적인 선호가 그 사람의 자유를 한정한다. 자유의 정도가 개인적 요인으로 결정된다는 것은, 각 개인의 내적 욕구가 단지 주관적인 요소로만 좌우되고 객관적인 요소는 전혀 개입되지 않는다는 뜻이다.

두 번째는 사회구조의 외적 요인이다. 자유는 개별적인 실체 개념으로 파악해야 할 것 같지만, 사실 사회적 관계의 측면에서 생각해야 할 필요가 있다. 이 경우 자유롭다는 것은 어떤 대상의 존재가 반드시 필요하고, '나는 자유로운가?'라는 질문은 '나는 어떤 대상의 구속이나 속박에서 어느 정도 자유로움을 느끼는가?를 의미한다. 이는 벌린Berlin이 말하듯, "어떤 사람이 얼마나 자유로운지는 실제로 어떤 문(자유의 범위)들이 열려 있느냐에 따라서 결정되(는 것이)지 그가 무엇을 선호하느냐에 따라 결정되지 않는다. … 자기가 원하는 바를 실현하는 데에 장애물이 없다는 것만으로, 즉 자기가 하고 싶은 대로 할 수 있는 것만으로 심리적인 의미에서든 다른 의미에서든 자유로운 것은 아니다. 왜냐하면 만약에 그렇다면 행동의 기회에 관한 사정을 바꾸지 않고, 단지 그 사람의 욕망이나 성향을 바꾸는 것만으로 그를 자유롭게 만들 수 있을 것이기 때문이다."[8]

이 경우, 자유는 개인의 내적 선택이 아니라 다른 사람에 의한 구속과 속박처럼 외부적 요인, 즉 사회적 관계로부터 영향을 받는다는 의미다. 사회적 관계는 수직적 관계를 설정하는 것이고, 외부적 요인을 특정하는 사회적 관계는 개인 각자가 가진 권력의 정도와 밀접하게 연결되어 있다. 이런 점에서 바우만Bauman은 사회적 관계의 상호작용에서 일어나는 권력 확보 정도가 자유 개념을 규정한다고 본다.

자유를 얻는다는 것, 자유롭게 된다는 것은 하나의 사회적 조건에서 다른 사회적 조건으로, 즉 열등한 조건에서 우월한 조건으로 상승한다는 것을 뜻했다. 두 가지 조건은 많은 점에서 달랐지만, 그

8 이사야 벌린,《이사야 벌린의 자유론》, 박동천 옮김, 서울: 아카넷, 2014, 517~518쪽.

대립의 한 면—자유라는 성질로 포착되는—이 나머지 면들에 비해 두드러진다. 그것은 타인의 의지에 의존하는 행위와 자기 자신의 의지에 의존하는 행위 사이의 차이다. 하나가 자유롭기 위해서는 적어도 둘이 있어야 한다. 자유는 사회적 관계를, 사회적 조건의 비대칭성을 나타낸다. 본질적으로 자유는 사회적 차이를 뜻한다. 자유는 사회적 분할을 전제하며 내포한다. 어떤 사람이 자유롭기 위해서는 그 자신이 피하고자 갈망하는 종속의 형태가 존재해야 한다.[9]

바우만은 타인과 맺는 사회적 관계의 필요성을 강조하고, 자유의 의미를 '사회적 차이'와 '사회적 분할'처럼 상대적 관점에서 찾는다. 사회적 관계는 지배와 비지배, 자유와 구속처럼 사람이 저마다 갖는 권력의 분량과 정도의 차이를 말한다. 사회적 관계는 사람의 삶을 늘 구속 및 속박과 함께하게 만들고, 자유는 필연적으로 개인이 가진 권력의 정도에 비례한다는 사실을 전제한다. 왜냐하면 사회적 관계는 모든 사람이 '권력의지'[10]에 따라 권력을 확장하고 자신의 가치를 합리화할 대상을 전제하고 구분하기 때문이다.

세 번째는 시간과 공간이 한정하는 시공간적 요인이다. 사람은 시간과 공간이 설정한 울타리에 자신의 의식을 맞추고 사유의 변

---

[9] 지그문트 바우만,《자유》, 문성원 옮김, 서울: 이후, 2002, 25~26쪽.

[10] Friedrich Nietzsche, *Thus Spoke Zarathustra: A Book for Everyone and No One*, Translated by R. J. Hollingdale, London: Penguin Classics, 1961; Friedrich Nietzsche, *The Will to Power*, Translated by Walter Kaufmann and R. J. Hollingdale, New York: Vintage, 2011.

화 과정을 거치면서 자유를 받아들인다. 이 경우 '나는 자유로운가?'라는 질문은 '나의 권리는 보편적 자유로 보장받고 있는가?'와 같다. 다의적 특성을 가진 자유는 시간과 공간의 경계 안에서 그 개념의 구체적인 실체를 드러낸다. 따라서 한정된 시간과 공간으로 제도화된 자유의 질서와 구체적인 개념 규정은 시간과 공간에 따라 달라질 수밖에 없다. 고대 그리스에서 자유는 '~이 없어야만 도달하는 상태' 또는 '~으로부터의 자유'였다. 플라톤의 철학은 현상에서 편견과 억측 없이 순수한 본질에 도달할 때 자유롭다고 보았다. 스토아학파는 욕망과 집착을 버린 상태에서 개인이 느끼는 내면의 행복감을 자유라고 여겼다. 이처럼 고대에는 사람이 원래 자유를 가지고 있다는 사실을 전제하고 자유를 가로막는 장애 요소를 극복해야만 진정한 자유를 얻을 수 있다고 생각했다.

중세의 자유 개념은 고대의 자유 개념과 사뭇 다르다. 철학적 진리 추구와 내면의 행복을 위해 등장한 중세의 신은 세상의 모든 것을 창조한 기획자로, 신의 의지에 따라 사는 사람의 삶이 가장 자유롭다고 강조했다. 그래서 신의 뜻과 의지를 벗어난 생각과 행위는 불경스러운 것이고, 신의 뜻을 따르는 것 외에 다른 자유는 생각하기 어려웠다. 중세의 자유 개념은 신의 초월적 의지에 따라 모든 일이 완벽하게 계획된 결정론을 따라야 했기 때문에, 사람의 자유는 한낱 이상에 불과했다. 그러던 것이 중세 후반 들어 자유 개념에 대한 획기적인 사고 전환이 시도되었다. 신학자들은 이성으로 무장한 과학의 위용에 대응하기 위해 결정론과 자유의지를 동시에 인정하고 양립주의를 표방하는 사고의 유연성을 발휘하기 시작했다. 신학에서의 양립주의는 자유를 여전히 예정론적 결정론 사고에 중심을 두고 종교와 과학의 조화를 꾀한다. 그리고 모든 것이 예정되어 있지만 신은 사람에게 자유를 허락했다고 해석한다. 종교적 제약에도 불구하고, 근대에 들어오면서 인과론적 결정론에 근거한 과학의 이성적 지식의 법칙성은 신앙의 예정론적 결정론을 걷어 냄으로써 새로운 자유를 찾고자 하는 노력을 지속한다. 종교의 예정론적 결정론과는 달리, 과학의 인과론적 결정론은 이미 모든 것이 예정되어 있는 것이 아니라 사람의 이성적 사고를 통해 그 법칙을 이해하고 따르는 것을 의미한다. 원인과 결과의 긴밀한 관계를 파악하는 과학의 인과론적 결정론은 무조건적인 예정론적 인과론을 강조하는 종교와는 근본적으로 다르다.

근대과학의 눈부신 발전은 사람들에게 자유 개념의 폭과 깊이를 넓힐 수 있는 확장된 지평을 제공했고, 근대 민주주의의 탄생과 함께 정치적 자유를 자각하고 보편적 자유를 정립하게 해 주었다. 근대의 출발을 견인한 계몽주의는 권리의 자각을 자유로 확립하고, 이성으로써 신화와 종교로 포장된 기존의 권위적 질서를 탈피하도록 획기적인 사고의 전환을 유도하여 지금까지도 그 영향력을 발휘하게 만들었다.[11] 이에 따라 시간과 공간은 다의적인 자유 개념을 하나씩 새롭게 드러나게 하고, 시공간에 의해 제도화된 질

---

[11]　김교환, 《자유주의와 사회주의의 진화》, 서울: 매봉, 2018, 59쪽.

서의 수준에 맞춰 자유의 실체가 규정되기 시작했다.

자유 개념이 다의적인 이유는 자유 개념의 파악에 몇 가지 요인, 즉 개인적 요인, 외부적 요인, 시공간적 요인이 전제되어 있기 때문이다. 사람의 주관적 감정 차이에 따른 개인적 요인, 각 개인의 권력 정도에 비례하여 사회적 관계를 규정하는 외부적 요인, 자유 개념의 제도화 수준을 가늠할 수 있는 시공간적 요인에 따라 새롭게 드러나고 규정되는 다의적인 개념이 바로 자유 개념이다.

3. 자유 개념의 이분법적 분석

자유는 하나의 개념으로 규정하기가 매우 어렵다. 그래서 다의적인 자유 개념의 실체를 파악하는 손쉬운 방법은 개념을 두 갈래로 나누는 것이다. 다양한 자유 개념을 추려서 두 가지 개념으로 분석하는 것이다. 이분법은 그 개념의 다양한 의미를 크게 두 가지 범주로 묶고, 그 차이를 의도적으로 구분하여 개념적 정의를 시도하는 것이다. 어떤 개념을 두 가지 범주로 구분하는 이유는, 개념을 하나로만 규정했을 때 생기는 문제를 최소화하고 개념 규정의 제약과 한계를 피하기 위해 서로 상반된 개념을 제시하고 둘 중 하나를 강조하기 위함이다.

자유 개념의 이분법적 분석은 그 사람의 정치적 관점과 신념에 따라 자유를 편의상 두 가지 개념으로 구분하고 그중 하나를 선택하고 옹호한다. 결국 자유 개념은 분석적 판단이 불가능하기 때문에, 비록 주관적인 '의식의 흐름'이더라도 그 사람의 정치적 관점과 신념에 따라 종합적 판단에 입각하여 분석을 시도할 수밖에 없다. 엄밀하게 말해서, 자유를 이분법적인 방식으로 구분하는 작업은 자유의 속성을 어떤 구속과 속박에서 벗어나고자 하는 욕구, 즉 정치적 권리의 결핍을 자유를 갈구하는 정치적 관점에 연결시켜 자유의 속성으로 포장하는 것이다.

자유의 이분법적 분석으로는 콩스탕Constant의 '고대적 자유'와 '근대적 자유'의 구분[12]과 벌린Berlin의 '적극적 자유'와 '소극적 자유'를 들 수 있다.[13] 자유 개념에 대한 콩스탕과 벌린의 공헌은, 실체를 파악하기 어려운 다의적인 자유 개념을 두 가지 특성으로 수렴한 후 종합적 판단을 시도한 것이다. 벌린은 소극적 자유와 적극적 자유의 구분을 각각 근대와 고대의 자유 개념을 분석하는 형식적인 도구로 사용한다. 하지만 벌린의 실질적인 의도는 자유 개념을 두 가지 범주로 설정한 후 그 경계의 근거를 정치적 보수와 정치적 진보로 나눈 것이다. 벌린은 우선 콩스탕의 '고대적 자유'를 '적극적 자유', '근대적 자유'를 '소극적 자유'와 동일한 개념으로 규정한다. 이를 위해 우선 '적극적 자유'와 '소극적 자유'를 사회적 공동체

---

[12] Benjamin Constant, *The Liberty of Ancients Compared with that of Moderns*, Unknown, 1819.

[13] Isaiah Berlin, "Two Concepts of Liberty," *Four Essays on Liberty*, Oxford: Oxford University Press, 1969.

의 의무와 개인적 권리로 각각 대비시킨다. 그런 다음 '적극적 자유'보다 '소극적 자유'를 강조함으로써 진보적 가치를 주장한 콩스탕을 정면으로 반박하고 자신의 보수적 관점을 옹호한다.

물론 벌린은 콩스탕이 시도한 자유 개념에 대한 이분법적 방법론을 그대로 차용했다. 벌린의 학술적인 공헌은, 콩스탕이 미처 의식하지 못한 다원주의 사회의 도래를 재빨리 간파하고 자유를 가치다원적으로 해석함으로써 자유 개념 분석의 새로운 차원을 연 것이다. 그는 고대와 근대라는 시대적 구분을 통해 다의적인 자유 개념을 개인의 권리를 우선하는 근대적 자유를 '소극적 자유'로, 개인의 권리보다 공동체의 구성원으로서 사회참여를 강조하는 고대적 자유를 '적극적 자유'로 구분한다. 벌린은 근대의 자유 개념이 고대의 자유 개념보다 현대인의 자유를 설명하는 데에 더 적합하다고 판단하고, 사회적 의무보다 개인적 권리의 우위를 강조한다. "간섭과 방해의 부재라는 의미의 '소극적 자유'와 공동체에서 활발한 참여를 통해 자아실현을 완성한다는 의미의 '적극적 자유'"를 자유의 두 가지 특징적인 개념으로 규정한 것이다.[14] 이런 점에서 벌린은 두 가지 자유 개념으로 개인과 사회의 구조적 분리를 나름대로 탁월하게 설명했다.

벌린의 자유 개념 분석은 자유 개념의 파악에 중요한 통찰을 제

---

[14] 조승래, 〈옮긴이 서문〉, 퀜틴 스키너, 《퀜틴 스키너의 자유주의 이전의 자유》, 조승래 옮김, 서울: 푸른역사, 2007, 21쪽.

공했지만, 소극적 자유와 적극적 자유의 구분만으로 현대인의 개인적 자유를 설명하기에는 충분하지 않다. '소극적 자유'가 침해받을 수 없는 배타적 사적영역의 확보와 관련된 개인을 강조하는 근대적 인간관과 관련되어 있다면, '적극적 자유'는 공동체의 구성원으로서 공적 행위와 윤리를 실천해야 하는 공민을 강조하는 고대적 인간관과 관련이 있다.[15] 현대인은 개인적 권리의 중요성을 가장 중요하게 생각하고 벌린이 언급한 근대적 의미의 '소극적 자유'를 기정사실로 인식한다. 하지만 개인적 권리가 우선시되는 다원적인 사회일지라도 예외적으로 사회공동체의 의무를 개인적 권리보다 우위에 두고 고대적 자유의 특징인 활발한 사회참여라는 '적극적 자유'를 강조하는 경우가 종종 있다. 엄밀히 말해 다원적인 사회에서는 다의적인 자유 개념을 요구하게 되는데, 만약 그럴 경우 벌린 자신이 강조하고자 하는 정치적인 입장을 옹호하기가 어렵게 되기 때문에, 그는 자유 개념을 편의상 두 가지 범주로 구분했다. 왜냐하면 현대인에게는 근대적 자유의 결과물인 개인적 권리와 고대적 자유의 산물인 공동체 질서를 위한 사회적 의무가 동시에 필요한 경우가 있기 때문이다.

이렇듯 현대적 의미에서의 자유는 '소극적 자유'와 '적극적 자유'가 필요에 따라 통합되거나 분리된 형태로 작동하기 때문에 이분법적 분석을 뛰어넘는 새로운 차원의 자유를 생각할 필요가 있다.

---

[15] 조승래, 〈옮긴이 서문〉, 퀜틴 스키너, 《퀜틴 스키너의 자유주의 이전의 자유》, 22쪽.

정치적 관점에 따라 자유 개념을 이분법적 방식으로 분석할 수 있고 이는 여전히 유효한 방법이지만, 현대 사회는 고대적 자유와 근대적 자유를 구분하고 한 가지 개념만을 강조할 수 있는 사회가 아니기 때문이다. 니체가 신의 죽음을 선언한 이후, 현대인의 사고에는 누구나 자신의 주관적인 생각이 옳을 수 있다는 전제가 깔려 있다. 그런데 지금까지 진행된 자유 논의는 대부분 고대적 자유와 근대적 자유의 차이만을 반복했다. 이제 우리는 다음과 같은 질문을 던져야 한다. 고대와 근대의 자유 개념이 과연 현대를 살아가는 사람들에게 적합한 개념인가?

정치적 덕성과 사회참여를 중시하는 고대적 의미의 자유 개념과 개인적 권리의 자각을 강조하는 근대적 의미의 자유 개념이 현대인이 요구하는 무한한 개인적 자유의 요청에 어느 정도 응답하는지는 생각해 볼 문제이다. 개인적 권리의 중요성을 자각하게 된 현대인은 사회적 의무보다 개인적 자유의 보장을 더 요구하는 경향이 있기 때문이다.

4. 자유의 확장성과 지속적 발견

자유 개념을 좀처럼 규정하기 쉽지 않은 또 다른 이유는, 자유라는 개념의 속성 자체가 확장성이 있기 때문이다. 자유를 향한 갈망은 지금 이 순간에도 지속적으로 솟구치거나 요청되고 있다. 사람은 자기 권리의 결핍을 깨닫게 되면 그 권리를 충족시키기 위해 끊임없이 자유를 요청하고, 최종적으로 제도화된 자유로 보장받으려는 욕구가 있기 때문이다. 구속과 제약은 시대를 막론하고 항상 존재한다. 다만, 구속과 제약 때문에 박탈된 개인적 권리를 근대 이후로 적극적으로 요구할 수 있게 된 것이다. 죽은 뒤 저세상에서 누릴 영혼의 권리가 아니라, 지금 살고 있는 이 세상에서 누릴 수 있는 개인의 권리가 더 중요해졌기 때문이다. 구속과 제약으로 인한 권리의 결핍을 보상받기 위한 최종 목표는 다름 아닌 이 세상에서의 자유를 확보하는 것이다.

자유 개념을 규정하기 어려운 것처럼, 자유를 실질적으로 보장받는 과정 또한 쉽지 않다. 보편성을 담보한 자유 개념은 시간이 흐르면 제도적으로 안착되어 형식적으로나마 보장받지만, 자유를 실질적으로 체감하는 정도는 개인과 사회마다 다르다. 자유가 형식적으로 완결되었다고 하더라도 자유를 보장받지 못하고 있다고 생각할 수 있기 때문이다. 개인의 가치관이나 세계관에 따라 자유를 바라보는 기준이나 관점이 다를 수 있다. 한 사회에서 대부분의 사람들이 수용하여 제도화된 개념이라 할지라도, 구조화된 사회의 제도적인 질서가 내세우는 비선택적 자유와 개인의 욕망이나 선호에 따른 선택적 자유의 틈이 있을 수 있다. 제도적 질서가 규정하는 비선택적 자유와 달리, 개인의 선택적 자유는 구체적인 개인적 자유의 결핍을 또 다른 실질적 자유로 요청하기 때문이다. 근대의 자유가 신성불가침의 개인적 자유의 보장을 의미했다면, 구체적인 자유의 요구는 자유의 확장을 불러왔다. 새롭게 자각된 개인적 권리는 늘 새로운 자유를 요청하고, 법의 형식을 빌려 제도적으로 보장받는 과정을 거친다. 자유의 속성은 형식적 자유의 추구에서 실질적 자유라는 더 진전되거나 향상된 기반으로의 전환을 요청함으로써 개인적 자유의 구체적인 권리를 달성한다.

실제로, 개인적 권리를 자각하기 시작한 개인은 사회적 관계에 따른 권력 유무와 정도에 따라 새롭고 구체적인 자유를 하나씩 요구해 왔다. 근대 이후 구속과 제약을 자유의 박탈과 동일시하게 되면서, 새롭게 자각한 개인의 구체적인 권리를 충족시킬 자유를 요구하게 된 것이다. 개인적 자유의 결핍을 자각한 개인은 결핍된 요소를 권리의 자각으로 환원하고 그 자리를 새로운 자유로 채우기 위해 끊임없이 노력한다. 본질적 진리로 굳은 일원론적인 자유 개념은 개인적 사유의 다양성을 무시하고 개인의 구체적인 권리를 제한하지만, 다양한 개인적 자유의 요구는 새로운 자유 개념의 지속적인 발견을 뒷받침한다. 과거에는 주장하지 못했거나 미처 깨닫지 못한 권리를 새롭게 밝혀내고 이를 제도적으로 보장받기 위해서는 새로운 자유 개념이 필수적이기 때문이다.

따라서 자유는 하나의 실체로 고정된 개념이라기보다, 개인의 욕구나 욕망에 따라 결핍된 권리를 충족하는 방향으로 구체화되고 확장되는 속성이 있다. 개인의 다양하고 구체적인 권리 요청은 시간과 공간을 공유하는 구성원들의 동의를 얻어 객관성을 담보하는 제도적 개념으로 완결되어 보편적인 자유로 확증된다. 구속과 제약이 촉발한 불편과 결핍을 없애기 위한 개인의 권리 요청은 이미 제도적으로 보장된 자유 이외의 또 다른 자유의 실체를 밝혀 낸다. 자유는 개인적 자유의 부재와 결핍에 대응하여 새로운 자유의 실체를 폭로한다. 그래서 자유 개념은 하나의 고정된 실체가 아닌 다의적인 실재로 이해해야 한다. 따라서 자유는 무한대로 확장하려는 특성을 갖고 있고 질적으로 새로운 자유 개념을 끊임없이 이끌어 낸다.

3장

개인적 자유의 세 가지 유형

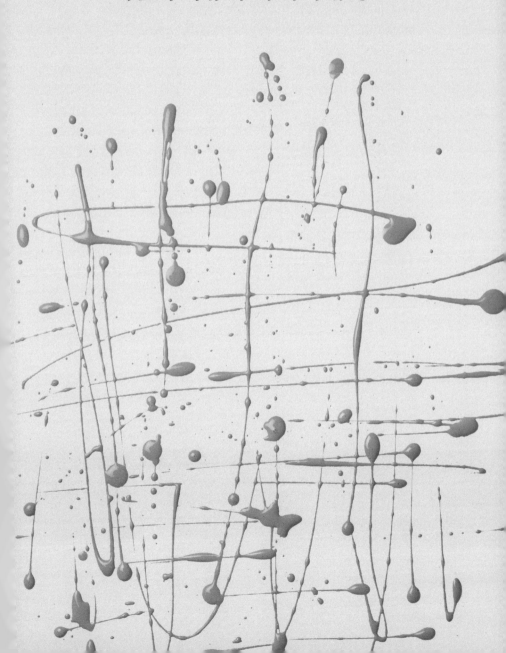

1. 생각의 자유

       사람은 자기 마음대로 생각할 권리가 있다. 그래서 사람의 생각은 자유다. 사람의 생각이 자유롭다는 것은, 원칙적으로 나의 생각에 다른 사람이 간섭할 수 없다는 뜻이다. 왜냐하면 나의 생각은 오롯이 나 자신과 내면의 대화를 통해 만들어진 정신활동의 산물이기 때문이다. 어떠한 것을 헤아리고 판단하는 기능을 하는 생각은 의식적이든 무의식적이든 인식과 대상을 스스로 만들어 내고, 그 생각을 외부로 표현하기 전까지는 어느 누구도 그것을 간섭하거나 제약할 수 없다. 생각은 온전히 개인의 내면에서 일어나는 정신작용이기 때문에 생각할 수 있는 자유는 무한한 확장이 가능하다.

    그런데 통제 수단을 가진 어떤 사람이 나의 생각에 대해 침묵을 강요하거나 어떤 생각을 하지 못하도록 강제한다면 상황은 달라진다. 이럴 경우, 내가 가진 생각의 자유는 "개인적 영혼이라는 내면의 성채로 물러나려는 은둔주의의 한 형태"[1]로 슬그머니 숨어들어가게 된다. 생각이 제약을 받는 상황에서 개인이 할 수 있는 유일한 일은, 나의 생각을 드러내지 않고 그냥 마음속에 간직하고 있는 것이다. 나는 외부의 물리적 압력이나 강압에 눌려 침묵하겠지만, 어

---

[1] 이사야 벌린, 〈그리스 개인주의의 탄생〉, 《이사야 벌린의 자유론》, 박동천 옮김, 서울: 아카넷, 2014, 568쪽.

느 누구도 나의 생각이 도달한 인식의 범위와 대상까지 포기시킬 수는 없다. 이렇듯 생각의 자유는 외부의 제약이나 강요 없이 이루어지는, 나라는 인식주체의 능동적이고 자유로운 정신활동이다.

이처럼 어느 누구도 개입할 수 없는 생각의 자유를 보장해 주는 요인은 무엇인가? 나의 생각이 외부의 간섭이나 제약에서 벗어나 온전히 나의 통제력 아래 있는지의 여부를 가늠해 보려면 두 가지 경우를 가정해 볼 수 있다. 어떤 것에 대해 아는 것이 많을수록 자유로운가? 내가 가지고 있다고 믿는 생각하는 자유가 다른 사람이 보기에도 자유로운가?

첫 번째는 '아는 것이 힘이다'를 강조하는 계몽주의 전통의 합리적 이성에 기대어 생각의 자유를 고려하는 경우다. 이는 내가 생각을 무한히 확장시키는 데에 필요한 지식과 정보를 이미 가지고 있으므로 나의 생각이 자유롭다는 뜻이다. 이 경우 나에게는 생각의 자유를 최대한 확보할 수 있는 자질과 잠재력이 있다. 이런 점에서 '지식은 불합리한 공포와 욕망을 자동적으로 제거함으로써 [사람을] 자유롭게 해 준다'는 에피쿠로스의 말은 의미심장하다. 두 번째 경우는 '모르는 것이 약'이라는 말처럼 낭만주의 전통의 주관적 감성에 호소하는 것이다. 나의 생각이 나도 모르는 사이에 외부의 제약이나 구속을 받고 있음에도 불구하고, 이를 전혀 인지하지 못하면서 나의 생각이 자유롭다고 여기는 경우다.

두 경우 모두 나름대로 가치 있는 정신활동을 통해 나온 것이므로 생각의 자유와 관련이 있다고 할 수 있다. 하지만 두 번째 경우는 제약이나 구속에 대한 인식 자체가 없으므로 생각의 자유 여부를 판단하기가 어렵다.

그렇다면 생각의 자유가 곧 개인적 자유를 보장해 주는가? 이를 알아보려면 자유를 행복과 동일시하는 관점을 심문해야 한다. 에피쿠로스는 인간의 자유란 전적으로 한 사람이 느끼는 행복의 정도에 달려 있다고 보았다. 사람의 행복감은 명예나 돈과 같이 세속적이고 물질적인 외적 요인으로 결정되지 않는다. 오히려 그러한 외적 욕망에서 벗어나 자신의 마음을 성찰하고 다스리는 내적 요인, 즉 자신이 처한 상황에 맞춰서 행복을 어떻게 생각하느냐에 달렸다. 스스로 행복하다고 느끼는 내용과 범위, 정도는 사람마다 다르므로 행복은 오로지 마음먹기에 달려 있다는 뜻이다.

하지만 사람이 행복하다고 해서 꼭 자유로운 것은 아니고, 자유롭다고 해서 행복한 것도 아니다. 사람이 행복감을 통해 자유롭다고 느끼는 경우는 스스로 규정한 자유가 자신이 생각한 수준에 도달한다거나 그것을 넘어섰을 때이다. 물론 이런 경우는 매우 드물다. 이것은 비록 자유를 제약하는 장애물이 있어도 그 장애물을 생각에서 제거함으로써 행복감을 느끼는 내면의 '자아 해방' 방식으로 세속적 가치에 더 이상 개의치 않고[2] 자신이 자유롭다고 여기는 것과 같다. 이렇게 생각하는 사람은 자신이 생각의 자유의 온전한 통제자라고 여긴다. 그리고 "현명한 사람은 설령 노예라고 해도 자

---

2 이사야 벌린, 〈자유의 두 개념〉, 《이사야 벌린의 자유론》, 370쪽.

유롭다. 〔따라서〕 바보는 통치자의 자리에 있더라도 노예 상태라는 결론이 나온다"[3]라고 한 암브로시우스St. Ambrosius의 말처럼 행복과 자유를 동일한 것으로 혼동하는 것이다. 이처럼 외부의 영향을 무시할 수 있는 마음의 내재적 행복감이 개인의 자유를 보장해 주지는 않는다. 사람이 행복감을 느끼고 자유롭다고 여기는 것은 순전히 개인의 주관적인 심리 상태에 달려 있기 때문이다. 행복에는 객관적인 기준이 없다. 행복에 대한 느낌은 사람마다 차이가 있고, 각자 설정한 기준에 따라 개인이 느끼는 자유로움의 정도 역시 다르다. 이렇게 볼 때, 생각의 자유는 개인이 포착한 내면적 인식을 자신이 원하는 대로 인식 대상에 투영해서 판단하는 것이다.

행복하다고 느끼는 것은 철저하게 개인의 판단이다. 하지만 어쩔 수 없는 상황에 억지로 생각을 꿰어 맞춰 자신을 합리화하는 것은 그 사람이 가지고 있는 무한한 생각의 자유를 버리는 것과 같다. '행복은 마음먹기에 달려 있다'는 명제는 자기 생각을 주술에 맡긴 채 누군가가 자유를 가져다주기만을 바라며 생각하는 자유를 포기하는 것과 같다. 이러한 가르침이 여전히 신앙의 교리처럼 통용되지만, 이는 인간이 가진 무한한 자유의 영역을 축소하는 것으로 이런 생각을 가진 사람은 결코 자유롭다고 할 수 없다. 인간

---

[3] St. Ambrosius, *Corpus scriptorim ecclesiasticorum latinorum*, vol. 82, part 1, ed. Otto Faller (Vienna, 1968), letter 7, 24(p. 55). 이사야 벌린, 〈자유의 두 개념〉, 《이사야 벌린의 자유론》, 370쪽에서 재인용.

의 행복이 마음가짐에 달려 있다는 소극적 패배주의는 생각할 수 있는 자유의 가치를 깎아내리는 것이므로 진정한 의미의 자유라고 할 수 없다. 자유를 행복과 동일한 개념으로 파악하는 것은 일종의 자기만족이거나 자기합리화 또는 도피 행위에 불과하다.

생각의 자유는 사람에게 순간적인 행복감을 줌으로써 보편적인 자유를 체험하는 것과 같은 느낌을 줄 수 있을지 모르지만, 이는 단지 개인의 주관적인 감정에 불과하다. 인간은 누구나 자신이 행복하다고 느끼는 주관적인 생각의 자유를 가질 수 있다. 그러나 그것이 객관적으로 완전히 자유롭다고 할 만한 요건을 갖춘 것은 아니다. 그러므로 행복은 자유의 필요조건은 될 수 있을지 몰라도 필요충분조건은 될 수 없다. 생각의 자유는 스스로 자유롭다고 느끼는 자기만족을 유도할 수는 있어도, 그것은 어디까지나 혼자만의 착각일 뿐이다. 따라서 생각의 자유는 개인의 내면에서 일어나는 주관적 감정 상태에 불과하므로 보편적 자유의 요소를 가지고 있다고 할 수 없다.

2. 의지의 자유

사람은 외적 동기부여와 내면의 성찰을 통해 형성된 생각을 바탕으로 자신이 설정한 목적을 실현하기 위해 자발적인 내적 욕구라는 의지를 갖는다. 정신활동의 결과에 따라 스스로 수립한 의식적인 생각을 실천하는 데에 강인한 의지의 자유가 필요한 이유다. 의지의 자유는 생각의 자유가 행위의 실제적인 수행을 통해 효력을 갖도록 영향을 주고 생각의 자유를 행위의 자유로 이끌기 위한 전제 조건이 된다. 생각의 자유와 행위의 자유 사이에 자리하는 의지의 자유는, 생각의 자유가 외적 제약으로 위축되는 것을 막고 행위의 자유가 실제로 이루어지도록 유도하는 추동력을 제공한다. 따라서 생각의 자유를 성공적인 행위의 자유로 실현하려면 반드시 의지의 자유가 마련되어야 한다.

칸트Kant는 욕망의 주관적 근거는 충동이며, 의지의 객관적 근거는 행위근거라고 본다. 또한, 충동에 기초하는 주관적 목적과 모든 이성적 본질에 해당하는 행위근거를 기반으로 하는 객관적 목적 간에는 근본적으로 차이가 있다고 주장한다.[4] 이는 생각의 자유는 주관적인 감정 상태일 뿐이므로 주관적인 생각의 자유에 대한 객관적 타당성의 검증이 쉽지 않다는 의미다. 생각의 자유가 최소한의 객관성을 확보하고 보편적 자유로 인식되려면 의지의 자유가 꼭 필요한 이유다. 의지의 자유는 인간이 이성 작용을 통해 자발적으로 자신의 욕구능력과 관계를 맺는 것을 말한다.[5] 따라서 어떠한 외부의 힘 또는 영향력으로 의지가 제약을 받게 되는 비자발적

---

[4] 임마누엘 칸트, 《윤리형이상학 정초》, 백종현 옮김, 서울: 아카넷, 2005, 144~145쪽, B63~64.

[5] 임마누엘 칸트, 《실천이성비판》, 백종현 옮김, 서울: 아카넷, 2010, 95쪽, A58.

인 상황에서는 순수한 의지의 자유를 가지고 있다고 말할 수 없다. 의지의 자유는 본질적으로 의식적이고 자발적인 행동을 추동하는 인간의 내적 욕구에 대한 격려이자, 자신이 설정한 목적을 실행하도록 이끄는 확고한 마음의 결정이다.

의지의 자유는 인간의 고도의 이성 작용, 즉 지성으로써 자신의 생각을 심사숙고하고 다듬어 자유롭게 표현하고자 하는 행동 방식의 욕구다. 칸트는 "의지란 이성이 경향성에서 독립해서 실천적으로 필연적인 것이라고, 즉 선하다고 인식하는 것만을 선택하는 능력"이라고 간주한다.[6] 레키Recki도 "내 행위의 판단을 위해서는 단순히 내가 (아무런 방해도 받지 않고) 나 자신을 움직인다는 것만이 중요한 것이 아니다. 오히려 결정적인 것은 내가 나를 스스로 움직인다는 것이다. 의지가 자유로워야만, 다시 말해 외적인 모든 종류의 타율적인 요소로부터 자유로워야만 우리가 의미하는 자유를 갖는 것이다"라고 의지의 자유를 강조한다.[7]

이런 점에서 개인의 의지는 다른 사람의 강요와 통제에 대항하여 자신을 보호하는 수단이 될 수 있다.[8] 만약 의지의 자유가 인간의 행동 방식을 독립적으로 결정하는 능력이라고 가정한다면, 의

---

[6] 임마누엘 칸트,《도덕 형이상학 정초》, 김재호 옮김, 서울: 위너스초이스, 2007, 56쪽.

[7] 비르기트 레키, 콘라트 파울 리스만 편집,《자유》, 조규희 옮김, 서울: 이론과실천, 2014, 103쪽.

[8] 샬롯 메이슨,《교육철학: 창의적 학습의 통로》, 노은석 옮김, 서울: 디씨티와이북스, 2019, 164쪽.

지의 자유에 대한 독립성 규정의 타당성은 이미 그 근거를 확보하고 있다고 할 수 있다. 왜냐하면 근거는 행동 방식을 결정하는 원인과 달리 규범적인 특성을 내포하고 있기 때문이다. 따라서 의지의 자유는 인간이 자신의 생각을 배타적이고 독점적으로 규정하고 실행하기 위한 전제 조건이자 자신의 생각을 스스로 조절하고 통제할 수 있는 힘 또는 능력을 뜻한다.

경험과 직관은 인간이 의지의 자유를 갖게 하는 중요한 요소이다. 인간은 경험적 지식이 축적되면 자신의 생각에 과오가 없다고 판단하거나 자신의 생각이 옳다고 직관적으로 가치 평가를 내린다. 널리 알려진 위인과 성인들의 사례는 의지의 자유가 무엇인지 극적으로 보여 준다. 그들은 자신의 열망에 따라 무언가를 이루기 위해 의지의 자유를 굳건히 하고 행위로 실현한다. 이 경우에 의지의 자유는 인간에게 자신의 삶이 오로지 '자신의 의지에 따라 계획할 때에만 자유롭다'[9]고 느끼게 만들고, 어떤 목적을 위한 선택을 함으로써 '자기 책임에 대한 의지'[10]를 갖도록 유도한다.

이처럼 의지의 자유는 생각의 자유에 따른 행위를 하는 구체적인 방안을 선택하는 순간에 중요한 역할을 하고, 행위의 자유를 실현할 수 있는 토대를 제공한다. 또한, 의지의 자유는 생각의 자유

---

[9] 이사야 벌린, 〈자유의 두 개념〉, 《이사야 벌린의 자유론》, 381쪽.

[10] 프리드리히 니체, 〈어느 반시대적 인간의 편력〉, 《우상의 황혼》, 강두식 옮김, 서울: 동서문화사, 2016, §38, 891쪽.

의 단계와 영역을 넘어서서 어떤 행위를 실제로 하기로 하는 최종적인 의사결정의 역할을 한다. 의지의 자유는 행위를 실현하기 위해 마음을 굳히고 선택을 내리는 자발적인 정신작용의 결정을 의미한다. 자발적인 의식의 내적 욕구에 따라 의식을 통제하는 힘을 발휘해 그 선택이 가져올 수 있는 위험과 의무를 감수하며 최종적으로 결정을 내리게 하는 것이 의지의 자유가 하는 역할이다. 따라서 의지의 자유는 사람의 생각을 규정하고 판단하는 규범적인 정신활동이고, 행위의 자유를 실행하는 개인의 자발적인 내적 욕구와 긴밀히 연관된 선택적 결정이다.

3. 행위의 자유

　　사람은 자신의 판단이 올바르기를 바란다. 판단이 올바르다는 것은, 이성적인 선택이 그 선택을 하게 만든 동기와 목적에 부합하여 과오가 없음을 확인하는 것이다. 올바른 판단을 하려면 단순히 외부의 방해를 받지 않고 자신의 생각을 실현하는 것만으로는 부족하다. 더 중요한 것은 그 결정을 위한 선택이 스스로 그리고 자유롭게 내려져야 하는 것이다.

　생각의 자유와 의지의 자유는 사람이 어떤 행위를 하도록 유도하는 전제 조건이자 근거이다. 행위는 자연법칙의 기반 위에서 이루어지지만, 그 범위는 인간의 의지에 따라 정해진다. 그래서 인간은 "질서정연한 세상 속 혼란의 원천이 아니라, 혼란스러운 세상을 살아가는 질서정연하고 신뢰할 만한 존재"인 것이다.[11]

칸트는 "모든 사람은 의지의 〔측〕면에서 자신이 자유롭다고 생각한다. 모든 판단은, 비록 일어나지는 않았지만, 일어났어야만 하는 행위들 그 자체에 대해 내려진다"며 행위가 의지의 자유에 의존한다고 주장한다.[12] 이성적 존재인 인간은 외부의 충동이나 이익, 바람, 욕구와 같은 경향성을 만족시키려는 동기에 따라 판단을 내리는 것이 아니라, 외부의 영향으로부터 독립적인 자기규정적인 실천적 이성을 갖고 있기 때문에 자유롭다. 이런 점에서 칸트는 이성의 힘으로 실천적 의도를 갖고 행위할 때에만 인간은 비로소 자유롭다고 본다. 단지 자연법칙을 따르는 의지의 고유한 특성인 감성적 주관은 지각과 감각에 기대어 판단을 내리는 것이므로, 비록 보편적 법칙이기는 해도 특수한 종류의 보편적 법칙이기 때문이다.[13] 반면에 실천적 이성은 순수한 자율성을 내재적으로 보유하고 있어 감성적 주관이 도달하지 못하는 보편타당한 윤리적 법칙을 도출한다.[14] 칸트는 의지의 자율과 의지의 타율을 적극적 자유와 소극적 자유로 구분하고, 자율은 이성이 스스로 제정한 규율이

---

[11] John Dupré, *The Disorder of Things: Metaphysical Foundations of the Disunity of Science*, Cambridge, M.A.: Harvard University Press, 1995, p. 215.

[12] 임마누엘 칸트, 《윤리형이상학 정초》, 197쪽, B113.

[13] 임마누엘 칸트, 《윤리형이상학 정초》, 180, 190쪽, B98, B107.

[14] 임마누엘 칸트, 《윤리형이상학 정초》, 191, 193쪽. B108, 110.

라고 말한다.

의지의 자율은 모든 도덕법칙들과 그에 따르는 의무들의 유일한 원리이다. 이에 반해 의사의 모든 타율은 전혀 책무를 정초하지 못할 뿐만 아니라, 오히려 책무 및 의지의 윤리성 원리에 맞서 있다. 즉, 법칙의 〔모든〕질료(곧, 욕구된 객관들)로부터의 독립성과 동시에 준칙이 그에 부합해야 하는 순전히 보편적인 법칙수립적 형식에 의한 의사의 규정에서 윤리성의 유일한 원리가 성립한다. 그러나 저 독립성은 소극적 의미에서 자유이고, 이 순수한 그 자체로서 실천적인 이성 자신의 법칙 수립은 적극적 의미에서 자유이다. 그러므로 도덕법칙은 다름 아니라 순수 실천이성의, 다시 말해 자유의 자율을 표현한다. 그리고 이 자유는 그 자체가, 그 아래에서만 준칙들이 최상의 실천 법칙에 부합할 수 있는 모든 준칙들의 형식적 조건이다.[15]

행위의 자유는 이성적 존재인 인간이 자연적인 본능에 따라 행동하는 자기경향성에 치우치지 않고 자율적이고 실천적인 의지를 확보하고 보편타당한 준칙에 따라 행위할 때에만 실현된다. 이러한 요건이 충족되는 경우에만 자유가 주관적 욕망의 충동이 아닌

---

[15] 임마누엘 칸트,《실천이성비판》, 95~96쪽, A59.

객관적 실재성의 근거를 부여받는다.[16] 왜냐하면 타율적인 의지의 자유는 '주관의 특수한 감정을 전제로 의지를 규정'할 수 있는 개인적 욕구에 의한 경험적 법칙이지 순수한 이성 행위에 의한 도덕법칙은 아니기 때문이다.[17] 인간은 자신의 이익을 추구하도록 동기를 부여하고 주관적인 욕구와 바람을 만족시키며 '처세의 규칙'에 따라 행복해질 수 있다. 하지만 칸트는 인간이 궁극적으로 행복해지기 위해서 처세만을 위한 삶과는 차별적인 다른 무엇인가를 하는 존재라고 생각했고, 그러한 자격을 얻기 위한 합당한 규칙을 도덕법칙이라고 보았다.[18]

만약 인간이 개인적인 욕망만을 만족시키기 위해 주관적 의지의 충동에 따라 자신이 하고자 하는 대로 한다면 이는 자연법칙만을 따라 타율적으로 행위하는 것과 같다. 반면 인간이 자율적이지만 당위적인 근거에 따라 행위할 때 그 행위는 비로소 객관성을 확보한 보편적 행위가 될 수 있다. 다시 말해, 인간의 행위를 진정으로 자유로울 수 있게 만드는 필수적인 조건은 인간이 자율성을 가질 때이다. 자율적이라는 말은 인간이 자신을 통제할 수 있다는 뜻이다. 인간이 자율적인 존재가 되기 위해서는 자신의 생각을 심사숙고할 뿐만 아니라 비판적으로 검토하고 문제를 발견하면 그것

---

[16] 임마누엘 칸트, 《윤리형이상학 정초》, 204쪽, B120.

[17] 임마누엘 칸트, 《윤리형이상학 정초》, 206쪽, B122~123.

[18] 유시민, 《국가란 무엇인가》, 파주: 돌베개, 2011, 249쪽.

을 거부하고 수정할 수 있는 능력이 있어야 한다.

행위의 자율성은 "행위자가 자신의 욕망에 따라 행동할 수 있고, 그런 욕망과 충돌하는 외적 압력으로부터 방해받지" 않는 실천적 행동이다.[19] 물론 행위의 자율성은 강제와 무지로 인해 어떤 일을 행하는 비자율적인 경향이 아니라, 행위자의 규정적 원칙으로써 행위자가 행위의 개별 상황 역시 알고 있다는 것을 의미한다.[20] 따라서 완전한 자율성은 자유로운 의지를 갖고 욕망에 충실한 자연법칙으로부터 독립해서 스스로 행위하는 것이다. 행위의 자유는 자율적 판단에 따른 결정이고, 자율적 행위에는 책임의 중요성이 뒤따른다. 따라서 행위의 자유는 의지의 자유에 책임을 진다는 것을 전제하고, 행위의 주체는 항상 근거를 가지고 의지의 자율에 따라 행동하는 것이다.

개인적 자유는 주관적이지만 책임을 전제로 자율성에 바탕을 두고 행위가 이루어지는 경우, 주관적 자유는 객관적 자유로 탈바꿈한다. 이런 점에서 자율성은 객관성을 내포한다. 왜냐하면 "자율적으로 행위한다는 것은 우리가 자유롭고 평등한 합리적 존재로서 합의하게 되고 그러한 방식으로 이해하게 될 원칙에 따라 행위한다는 것이다. 또한 그러한 원칙들은 객관적인 것이다. 그것들

---

[19] 라르스 스벤젠, 《자유를 말하다: 무엇이 나를 인간답게 만드는가》, 박세연 옮김, 서울: 엘도라도, 2015, 91쪽.

[20] Aristotle, *Nicomachean Ethics*, Translated by Terence Irwin, Indianapolis: Hackett Publishing Company, 1985, III. p. 1110a.

은 우리가 모두 함께 적당한 일반적인 관점을 취하게 될 경우 (우리를 포함한) 모든 사람들이 따르기를 우리가 바라게 되는 원칙들"이기 때문이다.[21] 롤스Rawls는 "자율성이란 우리의 도덕적 견해를 형성하는 완전한 자유이며 모든 도덕적 행위자의 양심적인 판단이 절대적으로 존중되어야 한다. … 그럴 경우 객관성이란 행위자 자신이 적합한 것이라고 자유롭게 결정하는 모든 기준을 만족시키는 판단에 속하는 것"[22]이라고 주장한다.

이성에 따라 실행되는 '행위들의 모든 도덕적 가치의 본질'은 도덕법칙이 의지의 자유를 직접적으로 규정한다는 것이다. 객관적인 규칙을 정하는 것처럼 행위의 자유가 규정적일 수 있는 이유는, 행위의 자유가 '항상 그리고 오로지 동시에 그것의 주관적으로 충분히 규정[하는] 근거'이기 때문이다.[23] 또한, 칸트는 "너의 의지의 준칙이 항상 동시에 보편적 법칙 수립의 원리로서 타당할 수 있도록, 그렇게 행위하라"[24]고 말한다. 이는 인간이 자유롭게 행위하기 위해서는 그 행위의 근거를 제공하는 의지의 자유가 반드시 전제되어야 한다는 뜻이다. 그리고 올바른 행위를 실행하기 위한 의지

---

[21] John Rawls, *A Theory of Justice*, Cambridge, M.A.: Harvard University Press, 1971, p. 516.

[22] John Rawls, *A Theory of Justice*, p. 518. 롤스는 자신의 책 *A Theory of Justice* 에서 이 견해는 Aiken, pp. 162-169에 빚지고 있다고 적고 있다. H. D. Aiken, "The Concept of Moral Objectivity," in Reason and Conduct, New York, Alfred Knopf, 1962, pp.134-170. 원문.

[23] 임마누엘 칸트, 《실천이성비판》, 151~152쪽, A127.

[24] 임마누엘 칸트, 《실천이성비판》, 91쪽, A54.

의 준칙이 모든 사람들에게 보편적으로 타당한 경우에만 행위의 자유가 보장된다고 할 수 있다.

따라서 행위의 자유는 내면적 대화를 통해 형성된 생각의 자유가 자신의 욕망이나 타인의 명령에 의존하지 않고, 자율적인 의지의 자유에 따라 행위를 실행할 때 보편적 자유의 형태를 띤다. 물론 행위의 자유는 자율적 의지에 따라 결정한 선택에는 그에 상응하는 책임이 반드시 뒤따른다는 사실을 충분히 인지한 상태를 말한다. 이 경우에 인간은 비로소 자유로울 수 있는 최소한의 자격을 갖는다.

4. 개인적 자유의 제도화

자유의 세 가지 유형 중에서 사람이 진정으로 자유롭다고 느낄 수 있는 단계는 행위의 자유가 실현된 경우이다. 여기에서 문제가 되는 것은, 과연 행위의 자유를 손쉽게 실현할 수 있느냐이다. 생각의 자유와 의지의 자유는 내적 갈등으로 훼손되거나 외적 제약 때문에 박탈될 수 있고, 그런 경우에 행위의 자유를 달성하기가 무척 어렵기 때문이다. 자유의 세 가지 유형인 생각의 자유, 의지의 자유, 행위의 자유가 단계적으로 완결되어 사람들에게 꼭 필요한 자유의 유형으로 동의를 얻고 대다수의 사람들이 따르게 된다면 새로운 자유의 원칙이 도출될 수 있다. 만약 자유가 모든 사람이 따르기를 바라는 원칙으로 적용되는 경우, 우리는 이를 보편적 자유라고 할 수 있다. 자유의 세 가지 유형 중에서 행위의 자유가 정당성을 획득할 경우, 특정한 사람만의 주관적 자유였던 개인적 자유는 자유의 제도화 과정을 거쳐 비로소 보편성을 확보한다.

개인적 자유는 생각의 자유를 바탕으로 의지의 자유를 통해 행위의 자유로 실행함으로써 실현된다. 세 가지 유형의 개인적 자유가 보장되기 위해서는 각각의 자유 유형이 단계마다 필요로 하는 요건이 전제되어야 한다. 생각의 자유의 밑바탕에는 상상력이 필요하고, 의지의 자유가 가능하려면 선택에 따른 확고한 결정이 요구되며, 행위의 자유가 가능하려면 그 행위를 실행할 용기가 필수적이다. 자유에 대한 개인의 내적 사고의 인식과 결정은 생각의 자유와 의지의 자유를 각각 표방하고, 개인의 내면적 자유가 외적으로 발현되면 이는 곧 행위의 자유를 의미한다. 세 가지 유형의 자유는 개인적 자유의 속성에 대한 구분적인 특징을 보여 준다. 개인적 자유의 세 가지 유형은 각 자유의 단계를 실현하고자 하는 사람의 실행 여부에 따라 구분된다. 생각의 자유는 사유의 선구자 또는 몽상가로, 의지의 자유는 군건한 마음의 소유자 또는 신념의 방관자로, 행위의 자유는 양심적 실천가 또는 꿈꾸는 겁쟁이라고 묘사할 수 있다.

비록 세 가지 유형의 개인적 자유의 실현 여부가 긍정적인 것으로 판명된다고 하더라도 개인적 자유는 여전히 주관적인 자유의 속성을 가지고 있다. 따라서 개인적 자유의 세 가지 유형은 각각의 자유가 내포하고 있는 선천적인 결함 때문에 객관적 자유로 진전되기가 쉽지 않다. 생각의 자유는 자기합리화의 편리함으로, 의지의 자유는 자발적인 내적 의지의 역량 부족으로, 행위의 자유는 책망의 두려움 때문에 개인의 주관적 자유는 객관적 자유로 탈바꿈하는 데에 어려움을 겪는다. 그렇다면 개인적 자유의 세 가지 유형 중 마지막 단계인 행위의 자유가 보장된다면 인간은 완벽하게 자유로울 수 있을까? 아쉽게도 그렇게 되기는 쉽지 않다. 왜냐하면 행위의 자유는 행위의 주체가 도덕적이고 자율적인 의지를 따를 때에만 비로소 실현이 가능하다는 선행적인 전제가 충족되어야 하기 때문이다. 만약 그렇지 않고 행위의 자유가 비도덕적이고 비자율적인 행위자에 의해 실행된다면 이는 여전히 개인적 자유가 주관적인 요소만을 내포하기 때문이다.

그러므로 개인적 자유는 기본적으로 주관적 자유의 속성을 갖는다. 하지만 제약 없는 생각의 자유, 자발적 의지의 자유, 자율적 행위의 자유가 보장된다면 비록 주관적이라고 하더라도 개인적

[표 1] 개인적 자유의 실현 여부에 따른 특징

자유의 유형	실현	미실현
생각의 자유	선구자	몽상가
의지의 자유	굳건한 마음의 소유자	신념의 방관자
행위의 자유	양심적 실천가	꿈꾸는 겁쟁이

자유가 추구하는 본질적인 가치에 근접하는 데에 도움을 주는 것은 사실이다. 다시 말해, 개인적 자유의 세 가지 유형은 개인의 주관적 자유가 확장되어 객관적 자유로 인정받기 위한 여건을 마련해 주는 최소한의 선결 조건이다.

그렇다면 개인적 자유를 구성하는 사적영역의 자유가 공적영역의 자유로 확장되어 객관적 자유로 간주되고, 최종적으로 보편적 자유로 인정받을 수 있는 근거는 무엇일까? 자유의 세 가지 유형은 자유를 체험하고 결정하고 실행하는 개인의 주관적 자유의 단계를 의미한다. 개인적 자유를 규정하는 세 가지 자유 유형은 오롯이 주관적 자유의 모습이다. 하지만 주관적 자유가 객관적 자유의 속성을 띠는 제도 또는 법으로 보장될 때 주관적 자유는 비로소 보편적 자유로서 정당한 권위를 획득한다. 따라서 주관적 자유와 객관적 자유의 구분은 전적으로 보편적 자유를 규정하는 정당한 근거에 달려 있다. 칸트는 객관적 자유의 가능성을 보편적 도덕법칙의 조건과 연관시키며 자유의 정당한 근거를 찾는다.

그것의 실재성이 실천이성의 명증적인 법칙에 의해 증명되는 한에 있어서, 순수이성의, 그러니까 사변 이성까지를 포함한, 체계 전체 건물의 마룻돌을 이룬다. 그리고 아무런 받침대도 없이 순전한 이념들로 사변 이성에 남아 있는 이 (신이니 〔영혼의〕 불사성이니 하는 등의) 여타의 모든 개념들은 이제 이 개념에 연결되어, 이 개념과 함께 그리고 이 개념을 통하여 존립하고 객관적 실재성을 얻는다.

다시 말해, 이 개념들의 가능성은 자유가 현실적으로 있다는 사실에 의거해〔서〕증명된다. 이〔자유의〕이념은 도덕법칙에 의해 개시되기 때문이다. 자유는 게다가 사변 이성의 모든 이념들 가운데서 우리가 그 가능성을, 통찰함이 없이도, 선험적으로 아는 유일한 것이다. 왜냐하면, 자유는 우리가 알고 있는 도덕법칙의 조건이니 말이다.[25]

이처럼 칸트는 주관적일 것만 같은 개인적 자유가 실천이성의 명증성을 가진 법칙으로 증명된다면 객관적인 실재성을 얻게 된다고 주장한다. 왜냐하면 자유는 인간이 이성적인 판단을 수행함으로써 가장 숭고한 행위를 실천하는 데에 필요한 원칙을 제공하는 열쇠와 같기 때문이다.[26] 다시 말해, 자유는 도덕법칙의 조건에 따라 인간이 누릴 수 있는 가장 필수적인 요소인 것이다.[27] 이런 점에서 "사람들이 다른 모든 사람의 동의를 구하는 것은, 그러한 동의를 위한 만인에게 공통인 근거를 가지고 있기 때문"이라는 칸트의 말은 의미심장하다.[28] 이는 자율성을 가진 이성이 선험적이고 무조건적으로 부과하고 실천 행위로 나아가기 위한 조건이 되는

[25] 임마누엘 칸트, 《실천이성비판》, 52~53쪽, 독일어 원전 A5.

[26] 임마누엘 칸트, 《실천이성비판》, 71쪽, 독일어 원전 A13.

[27] 임마누엘 칸트, 《실천이성비판》, 52~53쪽, 독일어 원전 A5.

[28] 임마누엘 칸트, 《실천이성비판》, 239쪽.

규범, 즉 정언명령을 의미한다.[29] 도덕적 법칙이 실천법칙이 되기 위해서는 보편성과 필연성이 있어야 한다. 따라서 어떤 것이 보편적이려면 누구에게나 타당한 것이어야 하고, 필연적인 것이 되기 위해서는 무조건적으로 타당해야 한다.

개인적 자유의 세 가지 유형, 즉 생각의 자유, 의지의 자유, 행위의 자유를 모두 포함하는 자유의 본질적인 요건은 주관적으로 내린 자기규정의 원칙이 과연 객관적 자유로서 타당성을 갖고, 더 나아가 보편성을 확보하느냐이다. 이는 곧 개인적 자유가 남에게 해를 끼치지 않는 한 모든 유형의 자유가 보장된다고 한 밀Mill의 주장과 칸트가 언급한 도덕법칙에 따라 자율적인 행위의 자유가 실현될 때에만 보편적 자유로 인정된다고 말하는 것과 맥락을 같이한다. 주관적 자유가 객관적 자유로 확실하게 인정을 받고 보편적 자유의 전형으로 받아들여지려면, 우선적으로 개인적 자유의 세 가지 유형인 생각의 자유, 의지의 자유, 행위의 자유의 단계를 밟아야 한다. 다시 말해, 사적영역에서의 개인의 주관적 자유가 공적영역에서 객관적 자유로 인정받을 때 개인적 자유는 진정으로 보편적 자유로서 그 가치를 보장받는다.

하지만 인간은 내면적 갈등과 타인의 이목 때문에 자신의 자유를 자율적으로 추구하지 못하는 경우가 헤아릴 수 없을 만큼 많으므로, 개인적 자유가 객관적 자유로 탈바꿈하고 보편성을 확보하

---

[29] 임마누엘 칸트,《순수이성비판》, 94~96쪽, 독일어 원전 A58.

기가 쉽지 않다. 이런 점에서 주관적 자유가 객관적 자유로 전환되려면 자유롭고 평등한 합리적 행위자들이 합의하고 모든 사람들이 그 원칙을 따라야만 한다.[30] 이런 경우에만 주관적 속성을 내포한 개인적 자유는 특정한 국가 내에서 합리적 행위자들의 합의에 의해 객관적 자유로 인정받고 법으로 구현되어 제도적으로 완결된다. 이렇게 구현된 객관적 자유가 모든 국가를 포함하는 확장된 공간과 역사의 시간을 넘나들 경우에 비로소 보편적 자유로서 그 권위를 인정받고 지위도 승격된다.

따라서 사적영역에서의 개인적 자유가 생각의 자유, 의지의 자유, 행위의 자유라는 단계를 거쳐 공적영역으로 확장되면, 주관적 자유가 객관적 자유로 탈바꿈하고 보편적 자유로서 규범적 정당성을 확보하게 된다. 개인의 구체적인 권리 요청은 시간과 공간을 공유하는 구성원들에게 객관성을 담보한 제도적 개념으로 완결되고 보편적 자유로 확증된다. 언론·출판·집회·결사의 자유처럼, 개인적 자유가 공적영역으로 확장되어 제도적으로 보장되는 구체적인 형태의 자유는 보편적 자유의 전형으로 간주된다. 생각의 자유, 의지의 자유, 행위의 자유는 주관적인 자유의 형태이지만, 자유의 범주·목록·항목으로 규정되면 개인의 주관적 자유는 법적·제도적으로 구조화되어 시공간을 초월하는 보편적 자유로 확정된다.

---

[30] John Rawls, *A Theory of Justice*, p. 516.

Hobby is the epitome, which enjoys doing without reluctant deed.
취미는 마지못해 하지 않고 즐기는 행위의 전형이다.

　　　　사회적 관계는 사람을 자유롭게 내버려두지 않는다. 관계는 권력을 동반하기 때문이다. 개인의 내적 불안과 염려 역시 사람이 자유로울 수 있는 가능성을 빼앗는다. 외적 제약에 따라 하고 싶지 않은 일을 해야 한다거나 내적 갈등으로 인해 내키지 않은 일을 해야 할 때 느끼는 마음의 불편함은 완전한 자유가 보장되어 있지 않다는 증거다. 제도적으로 보장된 자유라고 하더라도 사람들이 요구하는 만큼 구체적이고 실질적인 자유를 완벽하게 보장하기는 어렵다. 한 마디로, 외적 제약과 내적 불안은 자유의 가능성을 훼손한다. 그래서 사람은 자유롭기 어려운 존재다.

　생각의 자유는 행복하다는 감정을 느끼게 하는 마음의 내적 욕구를 충족시켜 준다. 생각의 자유는 자신만의 상상의 나래를 마음껏 펼쳐 주관적으로 행복하다고 느끼고 자유롭다고 스스로 위로하는 단계이다. 쉽게 말해서, 생각의 자유는 모든 것이 마음먹기에 달려 있다는 뜻이다. 의지의 자유는 생각의 자유에 따라 행위를 실현하기로 마음을 굳히고 선택을 내리는 자발적인 정신활동의 최종 결정이다. 의지의 자유는 자신의 생각을 규정하고 판단하는 규범적인 정신활동으로, 행위의 자유를 실행하는 개인의 자발적인 내적 욕구와 긴밀히 연관된 선택과 결정이다. 행위의 자유는 내적 대화를 통해 형성된 생각의 자유가 본인의 욕망이나 타인의 명령에 의존하지 않고 의지의 자유에 따라 행위를 실행하는 것이다. 행위의 자유는 자율적 의지에 따라 결정한 선택에는 그에 상응하는 책임이 반드시 뒤따른다는 것을 충분히 인지한 상태이다. 이때 인간은 비로소 자유로울 수 있는 최소한의 자격을 갖게 된다.

그렇다면 자유의 세 가지 유형이 모두 충족되는 경우는 어떤 때일까? 개인적 자유의 세 가지 유형인 생각의 자유, 의지의 자유, 행위의 자유의 단계를 모두 충족시키며 '현실이 꿈처럼 느껴질 만큼 자유로움'을[31] 누릴 수 있는 경우는 취미라는 내적 만족의 놀이를 행하는 순간뿐이다. 취미는 자신에게 가장 적합한 취미를 즐기려는 마음먹기의 내적 욕구를 충족시켜 주는 생각의 자유를 보증한다. 그런 다음, 하고자 마음먹은 취미의 대상을 행위로 유도하도록 자기 자신을 규정하여 마음을 굳히게 만드는 의지의 자유를 고무한다. 그리고 최종적으로, 자신을 통제하고 절제하는 규범적 자율성에 따라 취미의 대상에 몰입하여 행위의 자유를 실행한다. 이렇게 사람은 자신이 하고 싶은 취미 활동을 생각하고, 취미의 대상을 결정하도록 자발적인 의지를 굳히고, 최종적으로 규범적 자율성에 따라 취미 활동을 수행할 때 자유롭다고 느낀다. 따라서 사람은

---

[31] 이 표현은 2023년 8월 8일 박유현의 편지에서 빌려 온 것이다.

내재적 자율성을 내포한 취미를 수행할 때 비록 순간적이지만 온전한 자유로움을 느낄 수 있다.

사람이 완벽에 가깝도록 자유롭다고 느낄 수 있는 유일한 경우는 자신이 하고자 하는 일을 할 때이다. 그래서 사람은 자신이 하고 싶은 일을 할 때 가장 행복하다. 이 행복감은 자유롭다는 생각이 들게 한다. 취미는 '이것을 해야 한다'는 외적 동기보다는 '이것을 하고 싶다'는 내적 동기를 부여한다. 사람은 자기가 하는 일이 자발적일 때 가장 큰 만족을 느끼지만, 의무감으로 해야 하는 일이라고 하더라도 반드시 불만을 느끼는 것은 아니다. 내적 동기와 외적 동기는 목표를 갖고 집중할 수 있게 하고, 마지못해 일을 해야 하는 상태보다 삶의 질을 끌어올려 줄 수 있다.[32]

사람이 몰입할 수 있는 경우는 좋아하는 일을 찾아 몰두할 때와 주어진 과업을 완수하기 위해 몰두해야 할 때이다. 자신이 좋아하는 일을 하면서 몰입할 수 있는 상황은 그리 많지 않겠지만 이런 경우 사람은 좀 더 자유롭다고 느낀다. 취미는 마지못해 하지 않고 자발적이고 능동적으로 자신의 행위에 몰두하게 해 주기 때문이다. 프랑크푸르트Frankfurt는 "한 사람이 뭔가를 진심으로 원하는 것이기 때문에 진심을 다해 집중할 때, 의지를 하나로 모을 때, 어떤 대상에 온전히 전념해서 행동을 실행하는 과정 속에서 비로소 특별한 형태의 자유를 발견할 수 있다"고 보고, 이것이야말로 인간이

---

32   미하이 칙센트미하이, 《몰입의 즐거움》, 이희재 옮김, 서울: 해냄출판사, 2021, 37쪽.

성취할 수 있는 최고의 자유라고 주장한다.[33]

수동적이든 능동적이든 나 자신에게 몰입할 수 있는 다양한 상황 중에서 취미는 자유의 세 가지 유형을 모두 충족시키는 드문 경우이다. 취미는 '나'라는 주체를 자신이 하고 싶은 취미 대상에 몰입시켜서 마지못해 하지 않고 자율적으로 행위를 실행하게 한다. 칸트는 취미만이 사람에게 기꺼이 유쾌하고 즐거운 감정을 만들어 낼 수 있는 자유의 만족감을 준다고 말한다.[34] 그는 "상상력의 자유가 없으면〔취미〕는 가능하지 않으며, 그것을 판정하는 올바른 자기 고유의 취미도 결코 가능하지 않다"고 주장한다.[35] 취미는 마지못해 하지 않고 행위를 즐길 수 있는 대표적인 본보기로, 취미 행위에 몰입함으로써 자유롭다고 느끼게 해 준다. 순수한 자신의 내면과 마주할 때 우리의 행복감은 최고조에 달하고, 외부의 제약이나 간섭에서 벗어나 자유로운 순간을 즐기는 것이다. 사람이 가장 자유로운 순간은 취미를 만끽할 때이다.

취미는 자유의 세 가지 유형인 생각의 자유, 의지의 자유, 행위의 자유를 적절하게 반영한다. 하지만 취미를 통해 자유로움을 느끼는 것은 지극히 주관적이라는 한계가 있다. 다른 모든 것처럼, 취미가 자유로운 행위로서 보편성을 갖기 위해서는 최소한의 조

---

[33] Harry G. Frankfurt, *The Reasons of Love*, Princeton: Princeton University Press, 2004, p. 97.

[34] 임마누엘 칸트,《판단력 비판》, 백종현 옮김, 서울: 아카넷, 2009, 202쪽(V.211).

[35] 임마누엘 칸트,《판단력 비판》, 405쪽.

건을 충족시켜야 한다. 비록 내가 하고 싶은 일이더라도 잔인한 쾌락을 전제한다거나 밀Mill이 말한 것처럼 타인에게 해를 끼치는 경우[36]에는 자유의 형태로 간주할 수 없다. 상상하는 놀이인 유희의 자유가 없으면 취미가 될 수 없다. 자발적 유희는 남이 시키거나 요청하지 않았지만 자신이 하고 싶은 대로 하는 놀이다. 자율적 유희는 남의 지배나 구속을 받지 않고 스스로 자신을 통제하고 절제하면서 하는 놀이다. 본인의 의지로, 자기규정적인 자율적 유희의 방식으로 수행하는 취미만이 진정한 자유로움을 줄 수 있다. 이러한 형태의 취미를 즐기는 순간에만 사람은 자유롭다. 그 외에는 자유롭지 않다.

---

[36] 존 스튜어트 밀, 《자유론》, 서병훈 옮김, 서울: 책세상, 2018, 40~41쪽.

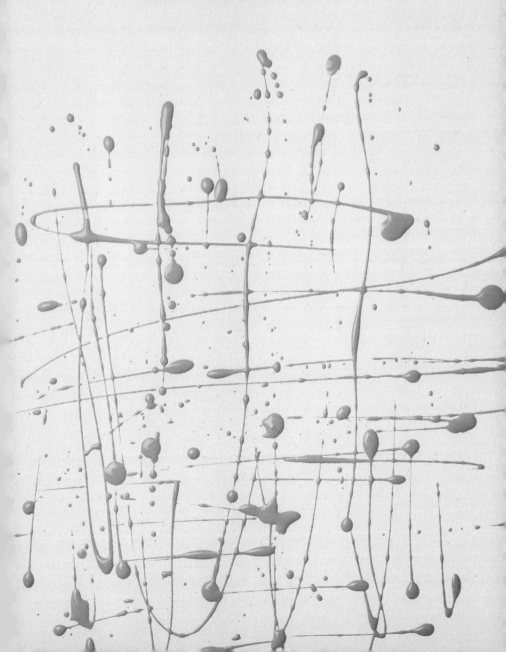

4장

유토피아, 자유, 권력

인류의 역사는 유토피아를 향한 인간 욕망의 끊임없는 갈등과 투쟁의 시간이다. 인간은 이상적인 희망을 전제로 자신만의 상상력을 분출하며 유토피아라는 안식처에 도달하기를 바란다. 냉혹한 현실에서 탈출하고 싶은 욕망과 그런 현실을 회피하고 싶은 바람은 인간에게 유토피아라는 가상 세계에 도달할 수 있다는 희망을 꿈꾸게 한다. 만약 "유토피아의 오아시스가 말라 버리면, 진부함과 무력함의 황폐한 사막[만]이 펼쳐지기 때문이다."[1] 그래서 유토피아는 '아름다운 환상'이다.[2]

유토피아에 대한 기대가 결코 이룰 수 없는 꿈이라는 사실을 자각하는 순간, 그 꿈은 곧바로 자조적인 회한이 되거나 현실에 대한 저주로 바뀐다. 이 경우에는 유토피아란 사람이 결코 실현할 수 없는 상상의 실재라는 사실을 순순히 인정하거나, 과거의 전통을 철저히 파괴하고 새로운 미래의 길을 열어 주기 위해 현재를 포기해야 한다. 이런 측면에서 유토피아는 완벽한 이상적 사회이거나, "진리와 도덕 그리고 구원에 대한 독점적 권리를 주장"[3]하는 전제 국가를 의미하는 양면적 속성을 갖는다. 완벽한 사회는 전면적인

---

1   Habermas, "The New Obscurity: The Crisis of the Welfare State and the Exhaustion of Utopian Energies," *The New Conservatism*, edited and translated by Shierry W. Nicholson, Cambridge, MA: Polity Press, 1989. p. 68.

2   Stephen Eric Bronner, *Ideas in Action: Political Tradition in the Twentieth Century*, Lanham: Rowman & Littlefield Publishers, 2000, p. 208.

3   라르스 스벤젠, 《자유를 말하다: 무엇이 나를 인간답게 만드는가》, 박세연 옮김, 서울: 엘도라도, 2015, 222쪽.

압제를 통해서만 구현할 수 있기 때문이다.[4] 그러므로 유토피아는 플라톤이 묘사한 정의로운 이상국가이거나 기독교에서 말하는 천국 또는 기독교의 종말론적 사고를 세속적 형태로 재현한 마르크스의 공산주의 국가와 같다.[5] 이처럼 유토피아를 향한 극단적이고 맹목적인 갈망은 무정부주의나 전제국가로 치달을 수 있다.

이러한 한계에도 불구하고 사람들이 여전히 유토피아를 꿈꾸는 이유는, 충족되지 않은 사람의 무한한 욕망이 막연히 그 '어떤 것'이 존재할 것이라는 근본적 낙관주의의 그늘에서 벗어나지 못하기 때문이다. 그래서 인간은 어쩌면 도달할 수 없는 비장소utopia를 상정하고서라도 유토피아라는 장소topia를 실현할 방편을 찾기 위해 희망이라는 상상의 나래를 펼치고 있는 것인지 모른다. 이처럼 유토피아는 인간의 욕망이 상상력과 결합하여 그것에 낙관적인 의미를 부여하고 '어떤 것'을 찾는 동기를 제공한다. 인간은 권리를 박탈당하면서 박제된 정신적 상실감을 '어떤 것'으로 대체하고자 희망을 얹어 비장소를 찾는다. 결국 유토피아는 사람의 욕망과 상상력을 바탕으로 이 '어떤 것'을 극대화하는 장소이자 희망을 꿈꾸게 하는 제작소이다. 유토피아라는 이상사회를 꿈꾸는 사람은 갈망하는 가치의 목록을 구체적인 생각으로 바꾸어 조각 그림을 하나씩 맞추어 나가듯이 자신의 꿈을 현실 세계에서 구현하고

---

4 라르스 스벤젠,《자유를 말하다: 무엇이 나를 인간답게 만드는가》, 225쪽.
5 라르스 스벤젠,《자유를 말하다: 무엇이 나를 인간답게 만드는가》, 222~231쪽.

자 노력한다. 인간은 빈번하게 설득되고 억압받고 강제된 제약으로 인해 쪼그라든 자신의 권리와 정신적 결핍을 구체적인 가치의 목록을 통해 이 '어떤 것'으로 보상받으려고 한다. 따라서 유토피아에 대한 열망은 사람마다 차이는 있지만 각자의 욕망과 희망을 조율하고 이 '어떤 것'의 실체를 자유라는 형태로 표출한다. 이러한 자유에 대한 갈망은 인간의 욕망 및 상상력과 적절히 결합하여 현실 세계에서 개인의 자유의 폭과 깊이를 규정한다.

인간 사이에 첨예한 갈등이 촉발되는 근본적인 이유는, 무한한 욕망과 이를 저지하려는 이성의 충돌 때문이다. 이때 권력은 인간의 욕망과 이성의 우선순위 다툼 사이에서 중재를 자처하고 슬그머니 끼어들어 섬뜩한 두려움을 조성한다. 그리고 사람들의 불안과 두려움을 명확하게 파악하고 그들의 욕망과 이성을 의도적으로 조종한다. 인간의 욕망과 이성은 두 개념 사이에서 긴장 관계를 유지한 채 권력과 뒤엉켜 현실 세계에서 그 실체를 구체적으로 드러낸다. 인간의 욕망과 이성의 갈등으로 인해 "낡은 힘과 새로운 힘들이 가장 격렬한 씨름을 벌이는 곳으로부터 정당한 척도가 생겨나고 의미심장한 새로운 비율이 형성"[6]되기 때문이다. 결국 인간의 욕망과 이성의 대결은 자연법의 질서에 따라 두 개념 간의 우선순위를 규정하고 개인의 권리를 자각하게 함으로써 비로소 자

---

[6] 칼 슈미트, 《땅과 바다: 칼 슈미트의 세계사적 고찰》, 김남시 옮김, 서울: 꾸리에, 2014, 130~131쪽.

유를 누리는 인간으로 탈바꿈하게 만든다.

비록 사유의 내용과 정도에 차이가 있을지라도 모든 생명체는 권력과 밀접한 관계를 맺고 있다. 권력은 누군가(권력을 가진 사람 또는 존재)가 다른 누군가(권력을 갖지 못한 사람 또는 존재)에게 영향력을 행사하고 '무엇인가'를 획득하는 것이다. 여기서 '무엇인가'가 무엇을 지시하는지는 사람마다 다르겠지만, 권력의 속성상 권력을 가진 사람이 갖지 못한 사람에게 '무엇인가'를 포기하도록 강요하는 구조일 수밖에 없다. 이때 권력을 갖지 못한 사람은 권력을 가진 사람의 영향력에서 벗어나고자 이 '무엇인가'라는 본질적인 가치를 찾고자 하는데, 이는 곧 자유의 폭을 확대하고자 하는 갈망이다. 즉, 사람이 달성하고자 하는 다양한 가치들 중에서 권력이 추구하는 가장 궁극적인 목적인 이 '무엇인가'는 자유를 의미한다.

인류의 역사는 권력을 가진 사람만이 자유를 향유하려는 욕망을 만끽했다고 증언한다. 권력자는 자신의 권위에 저항하고 자유를 외치는 사람들을 권력을 사용하여 억압하거나 제압했다. 권력은 인간의 존엄한 가치인 죽음을 겨냥하여 권력에 저항하는 사람들을 손쉽게 제거한다. 결국 권력의 최종 표적은 죽음이다. 따라서 인간은 권력과 자유라는 가치가 상충하고 대립하는 상황에서 더 많은 권력과 자유를 차지하기 위해 몸부림치는 존재이다. 마침내 가장 무시무시하고 근본적인 권력 추구의 욕망을 부추기는 충동의 원동력은 자유인 것이다.[7] 결국 권력이 추구하는 '무엇인가'의 최종 종착지는 자유다. 문지영은 자유와 권력의 관계를 다음과 같이 말한다.

자유를 행사한다는 것은 결국 권력을 행사하는 것이며, 부자유는 타인에 비해 열등한 사회적 위치를 반영한다. … 자유와 구속, 지배와 종속은 서로 연결된 관계의 양쪽 끝이며, 인간들은 각각 그러한 관계의 어느 지점에서 서로 밀고 당기며 좀 더 유리한 자리를 점하거나 아니면 나락으로 떨어지거나 할 뿐이다. 이런 관점에서 볼 때 '모든 인간의 자유'란 없으며, 이는 가능하지도 바람직하지도 않다.[8]

이렇게 자유와 권력은 밀접한 상관관계가 있고, 또한 서로 견제하는 대상이다. 인간은 본래 자신이 '가진 자유'[9]를 지속적으로 추

---

7   프리드리히 니체, 《권력에의 의지》, 강수남 옮김, 서울: 청하, 1988, §720.

8   문지영, 《자유》, 서울: 책세상, 2009, 112쪽.

9   자유는 원래 인간이 태어날 때부터 '가진' 본래적인 권리이지만, 이 권리를 '인간이 가진'이라고 규정하지 않고 '부여된 자유'라고 규정했던 이유는 인간이 원래 갖고 있는 본래적인 자유를 여전히 종교적 색채가 짙게 남아 있는 자연법이라는 개념으로 설명하고자 했기 때문이다. 사실 자유는 어떤 권위(물론 그것은 신이겠지만)에 의해 부여받은 것이 아니라 원래 인간이면 당연히 가져야 하는 권리인데도 불구하고, 자유 개념의 보편성을 주장하기 위해서 자연법이라는 애매하지만 중립적인 개념에 '부여된'이라는 개념을 얹어 사용하고 있다. 하지만 누군가로부터 '부여된' 또는 '허락받은' 자유라는 수동적 의미에서 자유의 근거를 찾기보다는 인간이 태어날 때부터 '가진 자유'라는 능동적 의미로 부르는 것이 올바르다고 본다. 왜냐하면 자유를 '부여된 자유'라고 일컫는 전통은 종교의 영향에서 여전히 벗어나지 못했던 근대적 관점에서 시작되었기 때문이다. 예전에 비해 종교

구하지만, 끊임없는 자유의 구속은 결국 권력과 비대칭의 모습으로 나타난다. 권력을 운용하고 유지하기 위한 구속과 속박은 사람의 관계를 지배와 복종의 상태로 만든다. 하지만 권력의 행사로 인해 자유가 박탈된 사람은 원래 자신이 '가진 자유'를 되찾기 위해 끊임없이 싸운다. 따라서 인간의 삶은 곧 권력을 획득하기 위한 노력과 투쟁을 의미하고, 개인적 권리를 찾기 위한 저항과 투쟁은 자유와 동의어라고 할 수 있다. 자유와 권력의 관계적 의미는 필연적으로 '권력에의 의지'를 내포한다.[10]

인간은 사적 이익의 추구든 공적 이익의 추구든지 간에, 개인적 욕망을 달성하기 위해 권력을 사용한다. 바우만Bauman은 이를 "자유는 지배하는 능력으로, 권력을 얻으려는 노력으로 나타난다. 자유는 속박되어 있는 다른 사람들이 존재하는 한에서 권력이다"라고 말한다.[11] 자유와 권력을 관계의 맥락에서 파악할 경우, 권력을 주체적으로 사용하는 사람은 자유롭다고 느낄 수 있지만 그렇지 않은 경우 사람은 결코 자유로울 수 없다. 권력의 주체가 아닌 권력의 객체로 존재하는 사람에게 자유는 없다.

의 권위가 쇠락해 가고 있는 현대에는 자유를 '부여된 자유'보다 '가진 자유'라고 보는 것이 좀 더 현실적이다. 자유는 원래 사람이 자기발생적으로 만들어 내는 권리이지만, 종교의 영향에서 완전하게 벗어나지 못한 사상가들은 신으로부터 '부여받은', '주어진', '허락받은' 권리를 '자연법' 개념과 연계시킴으로서 여전히 사람이 주체적이고 자기발생적인 자유를 확보한다는 사실을 부정한다.

[10] 프리드리히 니체, 《권력에의 의지》, §590.

[11] 지그문트 바우만, 《자유》, 문성원 옮김, 서울: 이후. 2002, 49~50쪽.

인간은 자신의 욕망을 자유로운 선택을 통해 구현하는 존재다. 하지만 그 욕망은 빈번하게 설득되거나 억압받거나 강제되고 처벌될 수 있다. 이러한 이유로 자유는 제한될 수 있고 이럴 경우 완전한 자유는 한낱 환상에 그칠 수 있다. 벌린Berlin은 "자유롭다는 것은 강제당하지 않고 선택을 할 수 있다는 말"이라면서, 이러한 선택을 위해서는 서로 경합하는 다양한 가능성 또는 대안이 있어야 한다고 주장한다. 그에 따르면, 자유로운 선택은 단 하나의 유일한 가치만으로 선택을 강요하는 것이 아니라, 가치다원주의를 전제로 다양한 선택지가 있어야만 진정한 선택이 가능하다고 본다.[12]

사람은 자유의 의미를 다양한 가치로 환산해서 자신만의 방식으로 자유를 요구한다. 따라서 다원적인 가치들 중에서 어떤 것을 선택하는 행위는 가치들 간의 경합을 의미한다. 가치의 선택을 결정하는 정당한 근거라는 것이 정말로 정당한 근거인지는 알 수 없지만, 권력은 최종적으로 가치의 선택을 결정하는 정당한 근거를 제공한다. 이렇듯 자유와 권력은 서로 긴밀하게 영향을 주고받으며 이전의 질서를 허물고 새로운 질서를 세우는 역할을 한다. 개인적 자유의 제도적인 정착은 이성의 개입으로 새로운 권력 주체를 바꾸는 역사적 과정을 거치면서 다음과 같은 시대의 변환을 이끌었다.

---

[12] 이사야 벌린, 〈희망과 공포에서 해방〉, 《이사야 벌린의 자유론》, 박동천 옮김, 아카넷: 서울, 2014, 515쪽.

르네상스 휴머니즘은 중세의 신중심적 가치관에 압도〔되었던〕인간중심적 가치관을 부활시켜 개인을 역사적 주체로, 무한한 잠재력을 지닌 창조적 인간으로 재생시켰다. 프로테스탄트 종교개혁은 신과의 직접〔적인〕만남을 강조하는 개인 신앙과, 성서 해석에 있어 개인적 판단을 허락하는 새로운 교리를 제공함으로써, 개인주의 발달의 중요한 터전을 제공했다. … 17세기 과학혁명은 자연과 인간 사회에 대한 인식에 혁명적인 변화를 가져왔다. 이 혁명은 세계를 한 치의 오차도 없는 보편적이고 자동적인 불변의 법칙에 의해 움직이는 기계와 동일시하는 '기계적 우주관'을 제시했다. 인간이 '이성'의 힘을 통해 자연의 보편적 법칙을 발견한 사실은 인간 사회에서도 그와 같은 '자연법'을 찾을 수 있을 것이라는 기대감을 불러일으켰다. 당대의 개혁주의자들은 만약 현행의 종교, 제도, 가치관 등이 그 법에 어긋날 때, 그에 맞도록 잘못된 부분을 교정함으로써 인간 사회의 진보가 가능한 것으로 믿게 되었다. 이런 사고방식은 결국 기존의 체제와 가치관에 도전하는 계몽사상의 대전제가 되었다.[13]

보비오Bobbio는 자유와 권력의 관계를 국가권력의 남용으로부터 사람의 권리와 자유를 보장받을 수 있는 법적 체제의 탄생이라고 규정하고 이를 '헌정국가'라고 부른다. 또한, 그는 사람의 사고를 지

---

[13] 김교환, 《자유주의와 사회주의의 진화》, 서울: 매봉, 2018, 43쪽.

배하는 다양한 관점들을 개인의 자유와 국가권력의 남용이라는 이 항대립으로 분석하고, 자유와 권력의 완충적인 관계가 새로운 가치 체계의 결과물을 탄생시켰다고 주장한다.[14] 예를 들면 로크Locke는 개인의 자유와 사유재산을 보장하기 위해 시민 권력의 중요성을 강조했고, 칸트Kant는 개인의 도덕적 자유를 최상의 가치로 간주했다. 스미스Smith는 자유로운 개인의 활발한 경제활동을 통해 자유시장 경제 체제가 지켜지는 작은 정부를 주장했다. 칸트와 스미스는 관점의 차이에도 불구하고, 둘 다 국가가 개인의 자유를 훼손하거나 개인의 권리를 국가권력의 힘으로 누르는 것을 경계했다.[15]

이처럼 자유와 권력은 긴밀히 연결되어 있고, 자유와 권력의 관계적 의미는 필연적으로 '권력의지'를 내포한다.[16] 따라서 권력은 권력을 가진 사람이 어떠한 형식, 위력, 강요에 의해 권력을 가지지 못한 사람의 행동을 유발하는 척도를 규정한다.[17] 사람의 삶은 항상 구속 또는 속박과 함께하고, 구속이나 속박은 사람에게 자유의 결핍을 자각하게 만든다. 자유의 결핍은 곧 권력의 결핍을 말하는 것이고, 결국 자유는 개인이 가진 권력의 정도와 비례한다.

사람은 꿈을 좇는다. 도저히 이루어질 수 없는 것 같지만 꾸는

---

[14] Noberto Bobbio, *Liberalism and Democracy*, Translated by Kate Soper and Martin Ryle, London: Verso, 2020(1990), p. 15.

[15] Noberto Bobbio, *Liberalism and Democracy*, p. 17-18.

[16] 프리드리히 니체,《권력에의 의지》, §590.

[17] 프리드리히 니체,《권력에의 의지》, §568.

꿈, 결코 도달하지 못할 것 같지만 그럼에도 불구하고 희망을 꿈꾸는 이유는 유토피아에 대한 욕망 때문이다. 인간의 꿈은 욕망과 상상력을 토대로 현실 세계에서 유토피아를 찾으려는 노력을 통해 새로운 사유를 만들어 낸다. 이러한 새로운 사고와 이에 따른 새로운 가치의 출현은 다름 아닌 인간의 자유를 향한 갈망의 과정이자 자유의 또 다른 모습이다.

자유는 인간이 유토피아를 찾을 수 있도록 사고의 지평을 넓혀 주고 개인의 자유가 무한히 확장될 수 있는 가능성을 지속적으로 제공한다. 꿈을 꾸는 삶을 사는 것은 자신이 미처 자각하지 못한 자유를 찾기 위한 처절한 몸부림이거나, 처음부터 '가진 자유'를 되찾기 위해 권력이 첨예하게 갈등하는 장소에 함께 머무는 것이다. 이러한 꿈은 사람의 고유한 권리를 자유라는 자신만의 가치로 투영하고 본래 '가진' 자유를 찾을 수 있도록 용기를 북돋운다. 꿈을 실현하는 방법은 사람마다 다르지만, 자유는 인간의 최종적인 꿈을 실현하도록 고무하는 가장 중요한 동기를 제공한다.

5장

자유와 실존의 융합

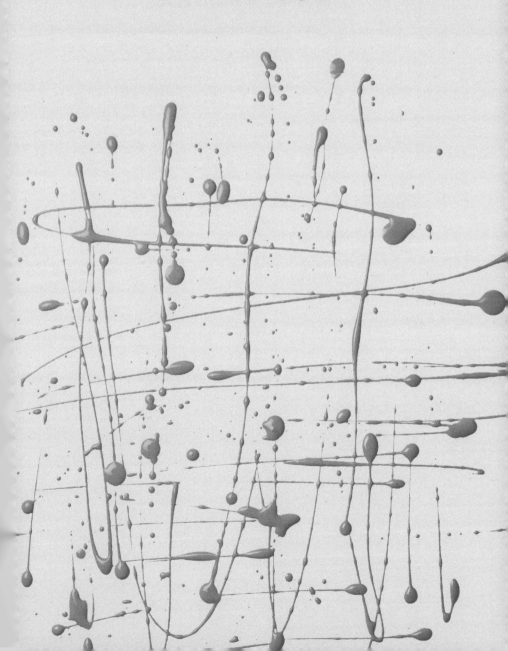

1. 감성과 이성, 그리고 지배담론의 전개[1]

모든 지배담론은 자연의 질서가 자기와 같은 편에 있다고 주장하고 자신의 행위를 정당화하기 위해 지배담론이 강조하는 규준을 제시한다. 한 사회의 가치체계는 그 시대를 사는 사람들의 세계관 또는 신념 체계를 만들고, 그 사회에서 용인하는 세계와 매우 유사한 자연에 절대적인 의미를 부여한다. 인간은 이렇게 받아들인 가치체계에 따라 생각하고 행동하는 자신들이 현행 사회질서에 잘 부합하는 삶을 살고 있다고 믿는다. 인간의 사회적 행위가 자연 질서를 알맞게 반영한 것이라고 확신하는 동안 그 지배담론은 유지된다.[2]

군이 구분할 필요가 없는 자연의 질서에 절대적인 의미를 부여하고 자연의 경계를 구획하는 이유는 자연의 질서를 수중에 넣기 위해 다투는 것이고, 이는 곧 권력을 확보하기 위해서이다. 자유와 권력의 범위는 권력을 차지한 사람의 의중이 반영된 자연의 질서에 따라 획정된다. 인간이 태어날 때부터 자유롭다는 것은 지극히 자연스러운 사실이다. 하지만 실제로는 사람이 자유롭게 태어났다는 사실에 역행하여 지배담론이 원하는 방식으로 자연의 질서

---

[1] 5장 1부는 김동현, 〈생명과학과 정치의 인식론적 논의〉, 《생명과학기술과 정치》, 서울: 푸른길, 2022, 17~46쪽의 내용을 토대로 수정한 것이다.

[2] 제레미 리프킨, 《바이오테크 시대: 생명공학 기술은 인류의 희망인가, 재앙인가》, 전영택 · 전병기 옮김, 서울: 민음사, 1999, 357~358쪽.

를 규정하고 인간의 자유를 규제하거나 제한한다. 따라서 누군가에 의해 구분된 자연의 질서를 따른다는 것은 각 개인이 얼마만큼의 자유를 가지고 있느냐와 깊은 관련이 있다. 지배담론은 이렇게 권력을 가진 사람이 임의로 자신의 입맛에 맞게 자유의 영역을 확정한다. 자유를 가지고 태어났다는 자연적인 사실은 자연의 질서를 확정하는 지배담론에 따라 제한적인 자유만 누릴 수 있을 뿐이다. 결국 자연의 질서를 쟁취한 사람은 권력을 사용하여 자신의 자유를 최대한 누리지만, 권력에서 배제된 사람들의 자유는 철저히 제약받는다.

인간의 본성을 지배하는 두 요소인 감성과 이성은 사람의 가치판단과 행위에 지대한 영향을 미친다. 인간 사유의 토대와 행위의 동기를 지배하는 두 요소인 감성과 이성은 시간의 경과에 따라 서양의 지배담론이 어떻게 변해 왔는지 알려 준다. 지배담론은 감각적 인식능력인 감성과 개념적 인식능력인 이성이 서로 교차 반복하는 양상을 띤다. 감성과 이성이 추동한 지배담론의 변화 과정을 계보학적으로 펼쳐 보면 신화(감성) → 철학(이성) → 종교(감성) → 과학(이성)이라는 진행 방향을 보인다. 그리고 과학(이성)의 시대 이후에는 감성이 주도하는 시대가 또다시 등장하고 신화(감성) → 철학(이성) → 종교(감성) → 과학(이성) → ??(감성) → ??(이성)처럼 지배담론이 엇갈리며 교차 반복할 것이다.

감성과 이성 중 하나가 시대정신과 만나 영향력을 획득하면 한 사회의 가치체계의 틀을 규정하는 지배담론이 된다. 이렇게 확보된 지배담론의 영향력은 정당한 권위를 가진 권위체를 만들고 권력의 형태를 취하며 인간의 사고 체계를 지배한다. 감성과 이성은 권력을 가진 주체가 누가 되느냐에 따라 권력과 긴밀하게 관계를 맺고 지배담론의 질서를 규정한다. 이렇게 인간은 감성과 이성이 강조하는 시대를 교차하며 자신의 가치체계와 신념에 따른 지배력을 행사하고 인간의 본성을 실현한다. 지배담론이 교체되는 이유는 권력과 밀접하게 연관되어 있고, 지배담론을 확보한 사람은 자신이 가진 권력으로 자유를 보장받는다. 지배담론을 확보하려는 싸움은 곧 더 많은 자유와 권력을 차지하기 위한 투쟁이다.

신화의 시대에 인간이 가장 두려워한 것은 자연이었다. 이 시대에 인간은 권력자의 의도에 따라 자연이 주는 두려움에서 벗어나고자 원시적 종교를 관장했던 제사장과 원시적 종교 형태인 샤머니즘으로 자연에 대한 공포를 극복했다. 감성이 주도한 신화의 시대에는 신화에 권위를 부여하고, 지배의 정통성을 감성적 상징에 두며 지배담론을 유지했다. 감성이 이성보다 우위에 있던 신화의 시대의 권력자들은 사람들이 이성적으로 사고하는 것을 경계했다. 신화의 시대에 이성적으로 사고하는 것은 경계의 대상이었고, 권력을 가진 소수의 사람만이 자유를 경험했다.

감성적 지배담론에 따라 가상으로 구축된 신화에 문제를 제기하고 등장한 철학은 인간의 이성적 사유 능력을 내세우며 철학의 시대를 열었다. 철학의 시대에는 자연적인 현상을 자신들의 입맛에 맞게 해석하는 일에 몰두했던 신화의 시대와 달리, 인간의 사고

체계를 지탱하는 중요한 토대가 현상이 아니라 본질의 자각에 있다고 역설했다. 철학의 시대는 현상과 본질이라는 이분법적인 사고 체계를 세우고 직접적인 감각을 통해 진리를 포착하는 현상의 강조보다 비록 감각으로 지각되지는 않지만 개념적 사유를 통해 본질을 인식하는 이성적 사고의 탐구를 강조했다. 철학의 시대는 이성적 사유를 통한 본질 탐구에 가치를 부여하고 지배담론의 토대를 구축했다. 철학의 시대에는 개인적 자유의 추구보다 공동체의 이익을 강조했다. 신화의 시대와 마찬가지로 철학의 시대에도 신분에 따라 극소수의 사람만이 자유인의 삶을 경험했을 뿐 대부분의 사람들의 자유는 억압받았다.

종교의 시대는 철학의 시대에 가치체계의 기틀을 제공했던 현상과 본질이라는 이분법적 사유체계를 그대로 계승했지만, 가치판단의 토대를 이승과 저승으로 대체했다. 종교의 시대에는 이성적 판단으로는 결코 받아들이기 어려운 의인화한 권위체인 신이라는 가치체계로 권력의 정통성을 정당화했다. 종교의 시대는 신화의 감성적 상징과 철학적 본질 대신 종교적 믿음에 절대적인 정통성을 부여하고 인간의 구원을 역설했다. 철학의 시대에 강조했던 본질의 탐구는 종교의 시대로 접어들어 구원의 갈망으로 대체되었다. 종교의 시대에는 개인적 자유의 보장과 자유인으로서의 삶은 거의 불가능했다. 종교적 믿음이라는 신념 체계로 무장했던 지배담론의 시대에 개인적 자유의 요구는 의인화한 신의 권위로 묵살되었다. 종교의 시대에는 신권을 가진 사람과 그렇지 않은 사람, 믿음을 가진 사람과 갖지 않은 사람, 그리고 믿음의 분파와 믿음의 정도에 따라 자유를 누릴 수 있는 범위와 한계가 결정되었다.

과학의 시대는 그전까지 지배담론을 주도했던 신화의 시대, 철학의 시대, 종교의 시대를 탈피하고 이성에 근거한 합리적 사유의 시대를 열었다. 과학은 과학의 시대 이전의 신화, 철학, 종교라는 세 가지 지배담론이 경합하는 질서 속에서 단지 부수적인 역할만을 담당했지만, 17세기 이후 종교에 대한 반동적인 모습을 띠며 등장했다.[3] 과학은 기본적으로 인간의 감성에는 관심을 두지 않는다. 과학은 인간적인 의미와 맥락을 배격하고 오로지 이성적 사유만으로 자연현상을 관찰하고 설명하고, 사실에 토대를 두고 과학적 진리를 밝히는 데에 몰두한다. 신화의 시대, 철학의 시대, 종교의 시대에 개인적 자유는 제한을 받았지만, 과학의 시대는 각 개인이 자신의 권리를 서서히 자각하기 시작한 근대와 함께 출발했다. 개인이 자신의 권리를 자각했다는 사실은 개인적 자유가 보장되는 시대가 열렸다는 것을 뜻한다.

---

[3] 생명과학기술은 인간을 복제하는 수준까지 도달했다. 과학의 눈부신 발전은 인간이 신이라는 개념을 만들었고, 인간이 곧 신이라는 사실을 과학적으로 검증함으로써 인간이 신이 만든 창조물이라고 강조한 종교의 신념 체계를 무너뜨리며 종교와 힘을 겨루는 중이다.

2. 문화적 가치 영역의 분화

근대 이전의 시대, 즉 신화의 시대, 철학의 시대, 종교의 시대에는 문화가 웅대한 우주의 질서 속에 놓여 있다고 믿었고, 인간의 삶은 그 질서 안에서 의미를 갖는다고 생각했다. 근대 이전에 인간은 웅장한 우주의 기획에 따라 단지 주어진 목적을 완수하는 역할을 담당하는, 이미 결정된 존재였기 때문에 자신을 주체적 자아로 인식하지 못했다. 감성과 이성이 지배담론의 주도권을 교차 반복하여 장악하면서 신화, 철학, 종교가 서로 뒤엉킨 채 근대로 접어들었다. 근대 이후 문화의 분화는 인간에게 이러한 웅대한 우주의 계획이나 결정론적 시각에 문제가 있다는 사실을 깨닫게 했다. 또한, 인간이 살아가는 삶의 방식이라고 할 수 있는 문화를 단지 하나의 지배담론과 가치체계만으로 규정하는 것이 결코 옳지 않다는 사실을 알려 주었다. 그럼으로써 인간이 단일한 인식론적 사고와 결정론적 사고에서 벗어날 수 있도록 기여했고, 인간의 문화 속에는 다양한 사유체계가 존재한다는 사실을 일깨워 주었다. 이러한 사유체계의 변화는 문화의 영역에서 다양한 가치체계의 분화를 일구어 내어 인간의 삶을 다양성의 측면에서 생각하게 하는 계기를 제공했다.

근대적 사고는 문화의 가치체계를 세 가지 영역으로 분화시키고 각 영역마다 정당성을 부여했다. 문화의 세 영역 중 객관적 영역은 철저한 사실판단에 기초한 수학적 탐구 또는 논리적 논증처럼 빈틈없이 완벽한 과학적 진리를 추구한다. 객관적 영역에서는 인간적인 사유나 특성을 다루지 않는다. 객관적 영역은 의미와 가치 또는 도덕을 염두에 두지 않고 오로지 사실의 발견과 설명에만 관심을 가진다. 객관적 영역에서는 '참'과 '거짓'으로 확연하게 객관적 진리를 구분하는 과학이 이 영역을 담당한다. 주관적 영역은 '참'과 '거짓'으로 판명할 수 있는 객관적으로 완벽한 진리를 추구하는 것이 아니라, '좋음'과 '싫음'이라는 개인의 주관적 가치판단 또는 개인의 주관적인 선호를 중요하게 생각한다. 주관적 영역은 참과 거짓 또는 옳고 그름을 탐구하는 것이 아니라 개인의 주관적인 선호를 추구한다. 대표적으로 문학과 예술이 이 영역을 담당한다. 규범적 영역은 '옳음'과 '그름'이라는 판단 근거에 따라 정의로움의 가치를 찾는다. 규범적 영역은 본질적으로 정의가 무엇인지를 탐구하고 인간으로서 당연히 해야 할 당위적 규범의 근거가 되는 기준 또는 원칙을 제시한다. 규범적 영역은 옳음과 그름이라는 도덕적 가치판단의 당위적 근거를 제시하고, 정치, 종교, 법 등이 이 역할을 담당한다.

　문화의 가치체계가 세분화되었다는 것은 지배담론의 가치체계를 단일하게 규정했던 시대가 끝났다는 뜻이다. 이는 문화의 분화된 영역에 따라 인간의 다양한 사고 체계가 서로 조율하는 시대로 진입했다는 것을 의미한다. 문화의 세 가지 영역이 인간의 가치체계의 분화를 촉진했지만, 그렇다고 해서 감성과 이성이 지배담론을 주도하는 가치체계의 틀에서 완전히 사라진 것은 아니다. 오히려 인간의 본성을 지배하는 감성과 이성이라는 가치체계의 틀이 문화의 구조 속에서 더 선명하게 세 가지 영역으로 세분화되었음을 의미한다. 이제 감성과 이성으로 좌우되는 인간의 본성은 점차 객관적 영역, 주관적 영역, 규범적 영역이라는 세분화된 문화의 영역에서 각자 자신이 강조하는 가치를 역설하며 다양한 생각을 가진 사람들과 뒤섞이게 되었다.

문화의 가치 영역 중 주관적 영역을 대표하는 문학과 예술은 감성이 지배했던 신화와 종교의 시대에 당시의 지배담론을 강화하는 부수적인 역할만 했을 뿐 그 어느 시대에도 주도적인 위치를 차지하지 못했다. 감성 권력에 호소하는 신화의 시대를 개념적 사유 능력인 이성의 힘으로 제압했던 철학은, 역시 인간의 감성에 호소하는 종교에 밀려 쇠퇴했다. 그리고 이제는 철저하게 이성으로 무장한 과학이 이성 주도의 철학과 감성 주도의 신화와 종교를 대체하고 인간의 사고 체계를 주도하는 영역으로 자리매김하고 있다. 궁극적으로 신화, 철학, 종교는 이제 과학이라는 지배담론의 권위에 인간의 미래를 내맡겨야 하는 처지가 되었다.

지배담론의 교차 반복을 거치며 유력한 지배담론으로 발돋움한 과학이 주도하는 시대에 인간은 종교의 시대가 강요했던 개인적 자유의 박탈에서 벗어나고자 했다. 과학적 사고는 인간에게 신화와 종교처럼 인위적으로 만들어진 대상을 철저하게 회의적으로 사유함으로써 사실로 판명할 수 없는 신화적 상징과 종교적 믿음을 거부하도록 유도했다. 동시에 근대의 출발과 함께 시작된 문화적 가치 영역의 세분화는 인간의 다양한 생각을 인정하는 다원적 사회라는 인식 체계의 틀을 제시하고 다양한 개인적 자유의 보장을 상정했다. 근대의 출발과 함께 인간은 다양한 개인적 권리를 자각하게 되었고, 이 자각은 개인적 권리가 개인적 자유로 탈바꿈되는 계기를 제공했다.

과학의 시대는 눈부신 기술의 발전을 가져와 사람들의 삶을 좀 더 편리하게 만들지만, 과학 만능의 가치체계는 역설적이게도 정신에 대한 물질의 지배를 강화하여 인간소외라는 부작용을 낳았다. 급기야 과학이라는 지배담론에 개인적 자유를 제약당하거나 빼앗긴 것이 아니냐는 의구심마저 일었다. 이처럼 과학의 눈부신 발전으로 소외를 경험한 사람들의 마음을 위로한 것은 역설적이게도 인간 실존에 대한 깨달음이다. 물론 신화의 시대, 철학의 시대, 종교의 시대에도 인간의 실존 사실은 엄연하게 존재했지만, 어느 누구도 주체적 인간의 실존적인 위상에 대해 논의하지 않았다. 그런데 과학기술의 눈부신 발전과 인간소외 현상은 마치 동전의 양면처럼 인식 체계의 충돌을 가져왔고, 마침내 인간으로 하여금 자신의 실존 사실을 자각하게 만들었다. 과학의 발전 때문에 소외된 자신을 발견한 인간은 고독한 주체적 개인으로서 인간 실존을 선언하기에 이르렀다.

인간의 본성을 지배하는 두 요소인 감성과 이성, 문화적 가치가 분화한 주관적 영역·객관적 영역·규범적 영역은 각기 지배담론으로서 영향력과 권력을 획득하고자 서로 겨룬다. 그리고 실존의 시대에 이 지배담론 투쟁은 정치권력을 차지하려는 권력투쟁으로 구체화된다. 실존적 인간은 각자 타고난 재능에 걸맞은 문화적 가치 영역에서 감성과 이성, 신화와 철학, 종교와 과학의 경합을 통해 더 많은 권력과 자유를 차지하고자 한다. 실존적 인간이 누릴 자유의 폭과 깊이는 권력 여하에 따라 결정되기 때문이다. 결국 지배담론으로서 영향력을 확보하려는 투쟁은 더 많은 권력을 차지하려는 싸움이다. 지배담론 싸움이 곧 정치적 권력투쟁일 수밖에 없는 이유이다.

비록 지배담론이 교차 반복을 거치며 교체되더라도 변하지 않는 사실은 권력에 대한 인간의 욕망이다. 권력은 지배담론의 권력자가 자신의 위상을 알리고 검증받는 가장 중요한 도구이다. 따라서 권력을 차지하려는 인간의 욕구는 곧 정치권력을 차지하려는 권력투쟁이다. 그리고 지배담론과 실존이 마주한 현실은 인간에게 삶이 곧 정치이고, 인생은 자영업이라는 사실을 깨닫게 한다.

3. 불안, 가상의 실재, 주관적 의미

인간의 정신이라는 공간은 걱정과 불안, 공포가 가득하다. 동시에 이 공간은 사람마다 다른 생각을 하게 하고, 상상할 수 있는 능력인 구상력을 발휘하여 대상을 인식하는 장소이기도 하다. 사람마다 다른 이 공간 덕에 인간은 실존이라는 주체적 상태를 유지할 수 있지만, 동시에 다른 사람들과 더불어 살 수 있는 보편적 사고를 공유할 수도 있다. 사회적 존재인 인간에게 필수적인 소속감은 서로 공유하는 보편적 사고에서 나오고, 이 보편적 사고를 근거로 사회라는 공동체를 유지할 수 있다. 즉, 인간은 저마다 정신이라는 특유의 공간이 존재한다는 사실을 인정하는 것이 보편적인 사고로 나아가는 첫 출발점이고, 이를 바탕으로 사회라는 가상의 공간을 이룰 수 있다.

인간이 보편적인 사고를 할 수 있는 이유는, 실제가 아닌 가상의 존재를 상정하고 구상력을 발휘하여 가상의 공간을 구축하고 이를 실제처럼 인식하기 때문이다. 여기에서 핵심은, 사고실험으로 도출된 이 공간을 지탱하는 보이지 않는 힘과 능력에 대한 인간의 굳은 믿음이다. 이 신념이 없다면 인간은 마치 우주에서 길을 잃은 미아가 된 것 같은 느낌을 받을 것이다. 이처럼 인간의 상상력이 가상과 만나면 인간의 정신이라는 공간은 잠정적이긴 하지만 실제로 존재하는 실재로 탈바꿈하고, 이 과정은 끊임없이 지속한다.

인간이 살아 있는 동안 불안을 느끼는 것은 인간의 실존 사실을 증명하는 것과 같다. 실존은 인간이 마음의 거울에 자신을 비춰 보고 성찰하는 자아를 발견하는 순간부터 시작된다. 이렇게 실존한다는 사실에 대한 자각은 실존이라는 개념이 인류에게 각인되기 전부터 이미 존재했다. 그렇지만 인간은 성찰하는 능력만으로는 불안한 현재에서 벗어날 수도, 불확실한 미래를 대비할 수도 없다는 두려움 때문에 실존하지만 실존하지 않는 자신, 즉 비실존하는 자신의 역량을 결코 신뢰하지 못한다. 그래서 지배담론의 창안자들은 원초적으로 불안한 인간을 이 불안에서 벗어나게 하고 고단한 삶을 구제해 준다는 약속을 내걸고 지배력을 확보할 방안을 고안했다. 그들은 인간의 상상력을 자극하고 허구라는 서사를 동원하여 가상의 실재라는 보금자리를 만들었다. 이렇게 지배담론이 저마다 가상의 실재를 구축해 온 발자취와 내력을 간략하게 정리하면 다음과 같다.

신화는 자연과 사물에 영혼을 부여하고 숭배하면서 이를 신격화하는 초자연화 과정을 통해 자연과 인간의 유대를 꾀했다. 신화적 세계관으로 무장한 신화는 외부의 대상을 상징화하고 신성시하는 데에 초점을 맞춰 주술적인 가상의 실재를 구축하고, 그 정당성의 근거를 다양한 주술적 존재에서 찾았다.

철학은 다양한 주술적인 가상의 실재라는 신화의 실체를 폭로할 방안으로 이분법적인 사고를 도입하고 정신과 물질을 구분했다. 목적론적 세계관으로 무장한 철학은 본질과 현상이라는 추상적인 가상의 실재를 구축하고 순수한 이성 작용을 통해 이를 구분하는 데에 주력해야 한다고 강조하며, 그 정당성의 근거를 인간 내면의 지성적 성찰에서 찾았다.

종교는 철학이 제시한 이분법적 사고 틀을 배제하고 유일한 하나의 신이라는 관념을 제시했다. 철학처럼 목적론적 세계관으로 무장한 종교는 철학이 사용한 이분법적 방법론을 그대로 활용했다. 본질과 현상이라는 추상적인 가상의 실재를 천국과 지옥이라는 구체적인 가상의 실재로 대체하고, 그 정당성의 근거를 초월적 구원에 두었다.

과학은 종교가 도입한 유일신 개념을 과학적 환원주의로 받아들여 완벽하게 합리적인 이성 작용의 가능성을 신뢰하고, 외부 대상인 자연과 현상을 철저하게 중립적으로 분석하는 데에 몰두했다. 기계론적 세계관으로 무장한 과학은 사실과 비사실이라는 객관적 사실의 실재를 구축하고 자연과 현상에 대한 분석을 꾀하며, 그 정당성의 근거를 실증적 검증에서 찾는다.

신화, 철학, 종교, 과학의 시대는 자연이라는 대상을 '나'라는 사람에 투영해서 마치 거울에 자연 대상을 있는 그대로 비추는 것처럼 '나'와 자연이라는 대상을 대응시키거나 일치시킨다. 반면에 실존은 자연이라는 외부 대상을 '나'라는 사람에 대응시키는 것이 아니라 내가 중심이 되어 '나'를 거울에 비추어 보는 것, 즉 있는 그대로의 '나'를 성찰하고 끊임없이 자기 내면의 문제를 극복하고 자신을 돌보며 가꾸어 나가는 것이다. 실존적 세계관으로 무장한 실존은 인간의 삶을 진정성과 비진정성[4]이라는 주관적 의미의 실재로 파악하고 그 정당성의 근거를 자아준거적 성찰에서 찾는다. 실존은 지금 과학이라는 지배담론과 중첩적으로 현존하는 인간의 인

---

4 실존하는 인간은 '나는 누구인가'라는 근본적인 질문에 대답하기 위해 진짜 자아와 거짓 자아를 자신의 마음속에서 밝혀 내는 작업을 하는 존재다. 실존하는 인간에 관한 묘사는 철학자마다 다르다. 니체는 '주인 도덕'과 '노예 도덕'으로, 하이데거는 '본래적' 자아와 '비본래적' 자아로, 사르트르는 '실존'과 '본질'로 실존하는 인간을 구분한다.

식을 지배하고 있다.

서양의 지배담론은 비록 가상의 실재라는 허구로 구축되었지만 사람이 근본적으로 가지고 있는 불안을 극복하거나 해소하기 위해 구상 체계를 제시한다. 지배담론이 가상의 실재를 도출하고자 구상했던 세계관, 규범적 구분, 정당성의 근거를 정리하면 [표 2]와 같다.

사람들은 불안으로 인해 생긴 내적 결핍을 충족시키거나 내적 공허함을 달래기 위해 가상의 실재를 구축하고 지배담론을 교체해 왔다. 신화는 외부의 대상을 상징화하고 신성시함으로써, 철학은 외부의 대상을 내면의 마음에서 인식함으로써, 종교는 초월적인 구원을 얻기 위해 내면적 마음 가꾸기를 통해, 과학은 내면적 마음을 중립에 놓고 철저하게 외부의 대상만을 탐구함으로써, 그리고 실존은 자아준거적인 내면적 마음의 보살핌에 초점을 둠으로써 인간이 근본적으로 가지고 있는 불안을 해소하거나 제거하려고 했다. 지금은 과학이라는 지배담론이 주도하는 시대로 접어들었지만, 실존하는 인간의 자각은 여기저기 흩어져 존재하는 기존의 지배담론들인 신화, 철학, 종교가 예전의 힘을 다시 확보하고자 제각기 안간힘을 쓰며 힘겨루기를 하는 중이다.

가상의 실재는 비록 허구이지만 가상의 대상을 상정하고 실존하는 자신을 자각하지 못하고 살아가는 사람들에게 불안함을 덜어 주는 일종의 마음의 안식처 역할을 담당했다. 지배담론은 존재하지 않는 가상의 대상을 서사라는 허구의 이야기로 엮어 마치 실제로 존재하는 것처럼 가상의 실재로 구축하고 지배담론의 정당

[표 2] 서양 지배담론의 변천

지배담론	신화(감성)	철학(이성)	종교(감성)	과학(이성)	실존
가상의 실재	주술적 가상의 실재	추상적 가상의 실재	구체적 가상의 실재	객관적 사실의 실재	주관적 의미의 실재
세계관	신화적 세계관	목적론적 세계관	목적론적 세계관	기계론적 세계관	실존적 세계관
규범적 구분	상징 v 자연	본질 v 현상	천국 v 지옥	사실 v 비사실	진정성 v 비진정성
정당성의 근거	주술적 존재	지성적 성찰	초월적 구원	실증적 검증	자아준거적 성찰

성을 확보하며 은밀한 권력을 통해 영향력을 행사했다. 사실 지배담론이 구축한 가상의 실재는 지배담론의 권위를 가진 사람들이 자신들의 권력을 유지하고자 만든 운용 체계일 뿐이다. 그리고 지배담론을 손에 쥔 권력자들은 자신들의 지배담론을 옹호하거나 지배담론에 가세하지 않은 이들의 자유는 철저히 배제시켰다. 지배담론의 권력자는 집단적 상상력을 이용해 인간의 종말이라는 위기를 조장하고, 가상의 실재를 통해 그 종말의 해결사가 바로 자신들이라고 말한다. 그리고 모든 지배담론은 이전의 지배담론보다 자신들의 것이 더 이성적이라고 주장하고 자기 권력의 정통성을 정당화한다. 이 지배담론에서 배제되고 가상의 실재에 동조하지 않는 사람들에게 진정한 의미의 자유는 주어지지 않았다.

실존의 시대에 접어든 지금, 우리는 여러 유형의 지배담론들, 즉 신화, 철학, 종교, 과학이 뒤섞인 세상에서 살고 있다. 사람들이 불확실한 현실에서 벗어나고 불안을 줄이는 방법도 제각각이다. 물론 그들이 선택하는 방법은 각축을 벌이는 지배담론들이 제공하는 가상의 실재 가운데 하나일 수밖에 없다. 초조한 마음을 다잡기 위해 부적을 몸에 지니고 다니는 것은 신화라는 지배담론에 자신을 내맡기는 행위이고, 불안한 내면을 치유하고자 종교를 선택한다면 이는 초월적인 구원을 얻고자 종교라는 지배담론에 기대는 것이다. 실존의 시대를 사람들은 자신에게 필요한 지배담론을 선택적으로 활용한다. 실존하는 인간은 단지 하나의 지배담론, 하나의 가상의 실재만을 활용하지 않고 필요에 따라 지배담론을 취사선택한다.

인간이 실존을 자각했다는 것은 신화, 철학, 종교, 과학의 시대가 요구하는 가상적 실재에서 탈피하여 인간만이 진정한 행위의 주체라는 사실을 인정하고, 주체로서 선택하는 행위에 책임을 진다는 것을 의미한다. 선택의 책임이 오로지 자신에게 있다는 자각은 곧, 가상의 실재를 믿고 따르는 인간적인 나약함을 거부하는 것이다. 하지만 신화, 철학, 종교라는 기존 지배담론의 힘은 여전히 막강하다. 이 지배담론들은 각자 주장하는 가상의 실재를 신념으로 받아들인 사람들에게 여전히 강력한 영향력을 발휘하고 그들의 사고 체계를 좌지우지하고 있다. 유한한 존재인 인간은 자유를 포기하는 대가를 치르더라도 실존적인 불안과 공포를 해소해 줄 의지처가 필요하기 때문이다. 그래서 비록 가상임을 인식하더라도 그것을 대체할 새로운 가상의 대상이 등장하기 전까지 기존 지배담론의 힘은 계속 유지된다. 자유와 실존의 만남은 책임을 동반한 완전한 자유를 인간에게 제공했지만, 나약한 인간은 여전히 지배담론이 제공한 가상의 실재에 이 자유를 내주고 있는 것이다.

자유라는 개념을 떠올릴 때 사람들은 저마다 자기가 중요하다고 생각하는 가치에 대응하는 자유를 떠올린다. 사람들은 자신이 처한 상황 또는 다양한 가치 영역 중에서 가장 중요하다고 생각하는 자유의 부분과 영역을 강조한다. 이제 자유 개념은 하나의 지배담론만으로는 규정할 수 없는 것이 되었다. 신화, 철학, 종교, 과학이 만들어 낸 가상의 실재들이 혼재하는 시대에 어떤 담론을 선택하고 어떤 가상의 실재에 자신을 의탁할지는 이제 각자의 몫이 되었다.

4. 실존과 자유의 융합

사람의 삶은 원래 외롭다. 실존적 존재의 무의미함을 발견함으로써 마음에 새겨진 치유 불가능한 절망감[5]을 떨쳐 내야 하지만, 이는 보통 사람에게 쉬운 일이 아니다. 그래서 자기 존재를 자각하기 시작한 다음에는 외로움을 극복하고자 미신, 신화, 진리, 믿음 등의 인식 체계를 붙들고 이 고독을 떨쳐 내고자 고

---

[5] 레셰크 코와코프스키, 《위대한 질문: 의문문으로 읽는 서양철학사》, 석기용 옮김, 2010,

군분투한다. 그러나 이를 위해 고안된 미신, 신화, 진리, 신앙 등의 인식 체계는 이내 지배담론으로 바뀌어 누군가에게 권력을 쥐어 주고 영향력을 행사한다. 시대마다 다른 지배담론은 당대 사람들이 공유하는 인식 체계의 다른 말이다.

니체Nietsche는 사람의 인생을 주인 도덕과 노예 도덕으로 구분해서 설명한다. 자유롭게 자신의 삶을 창조하는 사람은 주인 도덕을 가진 것이고, 다른 사람에 대한 열등감에서 비롯된 원한 감정으로 남을 증오하는 사람은 자신을 선한 사람으로 위장하는 노예 도덕을 가진 사람이다.[6] 물론 철학자들은 예속된 노예의 삶이 아닌 자유로운 주인의 삶을 살아야 한다고 강조한다. 주인의 삶과 노예의 삶은 개인의 선택이지만, 특정한 지배담론이 지배하는 시대에 사는 사람들은 자신들의 삶이 진정으로 자유로운지 고민할 필요가 없었다. 상징적 신화에 매달렸던 신화의 시대, 공적 이익이 강조되었던 철학의 시대, 그리고 신학적 믿음에 충실했던 종교의 시대에는 신분에 따라 자유가 제약을 받았고, 거꾸로 신분이 자유를 가능하게도 만들었다. 거대한 지배담론이 다스리는 사회에서는 신분에 따라 개인의 삶이 결정되었기 때문에 자신이 자유로운 존재인지 고민할 필요도, 그럴 이유도 없었다. 신분에 따라 자유를 제약받아도 자신의 자유가 박탈되었다는 사실조차 몰랐다. 당대의 인식 체

서울: 열린책들, 241쪽.

[6] 프리드리히 니체, 《선악을 넘어서》, 강두식·곽복록 옮김, 서울: 동서문화사, 2017.

계를 규정하는 지배담론에 따라 살면, 마치 그 속에서 자유로운 존재인 양 착각하게 되고 자유에 대한 갈망으로 괴로워할 일도 없다. 신분 질서가 규정한 틀 안에서 산다는 것은 노예의 상태나 마찬가지지만, 지배담론은 그 사람이 자유로운 삶을 살고 있다고 착각하게 만드는 마력을 발휘한다. 그래서 거대한 지배담론이 지배하는 시대에는 자유의 제약이 역설적으로 행복을 가져다주었다.

하이데거는 "타인의 지배 아래 놓인 일상 세계로부터 떨어져 나온 고독한 세계, 그곳이야말로 우리의 본래적인 세계이며 그곳에서 비로소 우리는 존재의 의미를 밝힐 수 있다"고 말한다.[7] 이는 사람이 홀로 있는 고독을 견디지 못하면 존재의 본래 의미를 알 수 없다는 뜻이다. 고독을 다루는 힘을 갖지 못한 사람은 홀로 있을 때 자유는 커녕 공포만을 느낄 뿐이다.[8] 이런 경우에 사람은 본래적 자유를 갖는 것이 아니라 타자의 구속과 질서에서 벗어나지 못한 채 자신의 자유를 깎아 없애거나 지워 버리는 '비본래적' 자유에 빠진다. 그리고 원래 갖고 있는 자유를 내던지고 자신의 자유를 타인의 지배에 맡기거나, 신과 같은 가상의 권위체로 도피한다. 아니면 "맙소사, 나는 호두 껍데기 속에 갇혀 있어도 나 자신을 무한한 공간의 왕이라

---

7   마르틴 하이데거, 《존재와 시간》, 이기상 옮김, 1998, 서울: 까치, 579쪽.

8   장은수, 〈문턱에 대하여: 어리석은 사람만이 무지개 아래에서 황금 냄비를 찾는다〉, 《신세계》, April 2020, Issue 24, 114쪽.

생각할 수도 있어"[9]라고 한 햄릿의 말처럼 자아도취에 빠져 자신을 합리화하면서 완벽한 자유를 누리고 있다고 착각할 수 있다.

실존주의자들은 "세계에 형이상학적인 구조가 있다는 개념 자체와, 신학이나 형이상학이라는 개념 자체, 어떤 사물들은 본질을 가지고 있고(다만 사물들이 필연적으로 그러한 모습으로 존재한다는 의미에서), 우리는 변하지 않는 어떤 구조를 가진 세상에서 살고 있다고 말하려는 시도를 거부한다."[10] 실존주의의 주된 관심은 인간의 경험이 실생활의 증거로 받아들여지게 하는 데에 있다.[11] 이런 상황에서 인간은 개별자로서 자기 존재의 의미를 물으면서 주체적 인간의 조건과 자격을 갖춘 실존하는 자신을 경험한다.

실존하는 인간이 주체적으로 존재한다는 사실은 고대부터 근대까지의 자유 개념을 재규정하게 했다. 인간이 실존한다는 것은 거대한 자연의 대상과 자연현상을 신화적 상징으로 바꾸어 웅대한 자연의 질서가 있다는 생각을 버리는 것이고, 숭고한 정신의 힘만으로 철학의 본질을 탐구하고 감각보다 지성이 위대하다는 가르침을 포기하는 것이고, 천국이나 저승의 세계에서 영원히 산다는 것이 한낱 눈속임이고 이승 세계에서 인간이 유한한 삶을 산다는

[9] William Shakespeare, *Hamlet*, Edited by Cyrus Hoy, A Norton Critical Edition, 2nd ed., New York: Norton, 1992, Act II. Scene II, pp. 216-230.

[10] 이사야 벌린, 《낭만주의의 뿌리》, 강유원 · 나현영 옮김, 서울: 이제이북스, 2005, 229쪽.

[11] Paul Roubiczek, *Existentialism: For and Against*, Cambridge: Cambridge University Press, 1964.

사실을 동시에 자각하는 것이다. 또한, 실존은 인간이 주체적인 방식으로 자신의 자유를 확장할 수 있는 능력을 갖고 있다는 사실과 자유의 영역과 범위를 확장하는 일은 개인적 선택과 밀접한 관계가 있다는 사실을 알려 준다. 따라서 주체적인 생각과 판단에 따라 내리는 자유로운 선택과 그 선택에 따르는 책임은 인간이 실존한다는 사실을 확증한다.

자유에 관한 대표적인 논의로는 콩스탕Constant과 벌린Berlin의 이분법적 구분을 들 수 있다. 콩스탕과 벌린은 고대적 자유와 근대적 자유로 시대를 구분하고 자유 개념을 분석했다. 이들은 사회를 개인보다 중요하게 여기거나 개인을 사회보다 우위에 두는 두 가지 관점 중 하나를 강조하고 각각 자신의 자유 개념을 옹호한다. 먼저 콩스탕은 개인보다 사회를 우위에 두고 고대 공동체 사회에서 공적 이익이 갖는 중요성을 역설하고 사회적 자유를 강조한다. 반면, 벌린은 고대적 의미의 적극적 자유보다 근대적 의미의 소극적 자유를 강조하고 개인을 사회보다 우위에 둔다. 결국 이들은 사회적 자유와 개인적 자유를 각각 고대와 근대로 구분하고 자신이 옹호하는 정치적 이데올로기에 따라 콩스탕은 진보의 관점에서, 벌린은 보수의 관점에서 자유 개념의 본질을 강조한다. 그래서 콩스탕은 적극적인 정치참여와 시민의 공적 역할을 중시하는 고대적 의미의 자유를, 벌린은 근대에는 시민의 적극적인 정치참여가 어렵기 때문에 대의제가 그 역할을 대신하고 홉스가 말한 외부의 간섭이 없는 상태인 소극적 자유, 즉 개인적 자유를 근대적 자유로 본다.

역사적으로 볼 때 근대적 자유를 주장하는 세력은 미국 독립혁명(1775~1783)을 반대하고 영국 왕정의 이익을 옹호하려는 사람들을 대변했고, 공화주의적 개념을 주장한 사람들은 영국 명예혁명(1688)과 미국 독립혁명을 환영하고 옹호했다.[12] 벌린의 적극적 자유와 소극적 자유의 구분법은 진보적인 정치세력의 이념에 대항하여 보수적인 정치세력의 우월함을 증명하기 위한 정치적 보수주의의 옹호이다.[13] 벌린은 소극적 자유 개념을 간섭의 부재로 정의하고 소극적 자유야말로 진정한 의미의 자유이고, 적극적 자유는 참여를 통한 자아실현을 강조하지만 이는 인간 해방을 빙자한 전제적 수사에 불과하다는 주장을 펼침으로써 정치적 자유주의의 근본적인 교리를 제시한다.[14]

고대적 자유와 근대적 자유라는 이분법적인 자유 개념은 현대에 들어서 '인간적인 너무나 인간적인' 인간의 실존이라는 현실과 마주하고 융합한다. 실존적 존재로서 인간은 벌린이 말한 외부의 간섭만을 배제하는 소극적 자유를 가진 존재에서 좀 더 나아간다. 이는 근대 이전까지는 자각하지 못했던 인간이 객체가 아닌 절대적 주체로서 자신의 정체성을 확신하고 개인적 자유를 요구할 수

---

[12] 필립 페팃, 《신공화주의》, 곽준혁 옮김, 서울: 나남, 2012, 72쪽.

[13] 조승래, 〈옮긴이 서문〉, 퀜틴 스키너, 《퀜틴 스키너의 자유주의 이전의 자유》, 조승래 옮김, 서울: 푸른역사, 2007, 27~28쪽.

[14] Claude J. Galipeau, *Isaiah Berlin's Liberalism*, Oxford: Oxford University Press, 1994, p. 134.

있다는 사실을 깨달았다는 뜻이다. 콩스탕과 벌린처럼 고대와 근대의 삶을 동경하는 사람들에게는 현대인의 실존적인 삶이 허무하게 느껴질 수도 있다. 그러나 실존적 자각을 통해 주체적으로 자유를 누리고, 미흡하다고 느끼는 개별적인 자유를 권리로서 요구하는 태도는 인간의 위상을 신화적 상징, 본질적 진리, 의인화한 신이라는 지배담론의 권위와 동등한 자리에 올려놓았다.

현대는 실존의 시대, 즉 인간이 오롯이 고독한 존재임을 인식하는 단계에 도달한 시대이다. 실존적 인간을 자각하게 되었다는 것은, 이제 신화적 상징이나 철학적 본질, 의인화한 권위체와 같이 가상으로 만든 대상에 권위를 부여하고 세상을 이해하는 시대가 끝났다는 선언이다. 신화적 상징, 본질의 탐색, 종교적 믿음과의 결별은 인간이 지극히 고독한 실존적 존재라는 사실을 일깨워 주었다. 인간의 자유가 최소한에 그친 종교의 시대에는 힘들고 두려운 삶을 견디고자 인간의 자유를 의인화한 권위체인 신에 맡긴 채 믿음의 질서 안에서 행복을 갈구했다. 인간이 자유를 옭아맨 종교라는 유일한 신념 체계에서 벗어나게 된 가장 중요한 요인은 주체적이고 인간적인 삶의 발견이다. 하지만 인간이 주체적인 존재라는 사실을 깨닫고 완전한 인간적인 삶을 직시하게 만든 실존주의는 역설적이게도 삶이 허무하다는 사실을 일깨웠다. 이제 인간은 자신이 주체적인 존재임을 분명하게 자각하고 새롭게 거듭났지만, 실존한다는 현실은 신의 공백처럼 기존에 의지했던 대상을 다른 대상으로 채워야 하는 숙제를 남겼다.

실존주의를 관통하는 사고의 밑바탕에는 인간이 주체적으로 인식하고 행위해야 한다는 사실이 자리 잡고 있다. 실존은 인간 각자가 세상의 중심이라는 사실을 자각해야 한다는 명확한 진리를 알려 준다. 그리고 인간은 자신이 가진 고민에 대한 해답과 그 해답에 다다르는 방법을 스스로 찾아야 한다. 이제 인간의 존재를 명확하게 규명할 수 있는 유일한 길은 실존하는 인간이라는 진실뿐이다. 실존의 시대가 안겨 준 이 냉정한 현실 앞에서, 지금까지 지배 담론이 만들어 놓은 가상의 대상에 의존해 왔던 인간은 외롭고 허무하다. 인간이 의지했던 신화적 상징, 철학적 본질, 종교적 믿음이 지배하는 시대에는 비록 제약된 형태였지만 완전한 자유라고 여길 만한 하나의 통일된 상징, 진리, 신이라는 확고한 판단 규준이 있었다. 신화적 상징과 본질의 탐색, 의인화한 신이 지배담론을 좌우한 시대에는 오직 그 시대의 지배담론이 필요로 하는 통일된 자유 개념에 충실하기만 하면 되었다. 자유가 제약받거나 박탈되었다는 사실을 자각하지도 못한 채 행복하게 살 수 있었다. 그러나 실존의 자유는 그런 규준이 사라진, 홀로 꿋꿋하게 버터 내야만 하는 두렵고 수고스러운 짐을 인간에게 떠맡긴다.

근대적 자유의 관념이 생겨나기 전까지 자유는 즐겁고 유쾌한 것이라기보다 부담스럽고 두려운 것이었다. 봉건영주가 지배하는 중세 장원에서 살면, 영주의 압제를 감내해야 했〔지만〕 동시에 생계가 보장되고 사람들과의 관계를 지속할 수 있었다. 반면에 장원을 박차고 도시로 모여든 초기 도시민들은 앞날을 전혀 예측할 수 없는 상황에서 뿌리 뽑힌 자들로 살아야 했다. 중세 말기에 유행한 '도시의 공기는 자유롭다'라는 말은 초기 도시민들 모두의 처지를 대변한 게 아니었으리라. 적어도 그들이 처음부터 자유를 누릴 목적으로 스스로 원해서 자치도시를 만든 것은 아니었으니까.[15]

근대에 접어들어 합리적 이성은 자유에 관한 인식을 전환할 수 있는 실마리를 제공했고, 개인적 자유의 영역과 폭을 다시 생각하게 해 주었다. 이러한 여건에서 등장한 실존주의는 인간이 자신의 숙명을 온전히 받아들이고 완전한 자유의지에 따라 자신의 삶을 개척해야 하는 모순된 처지에 놓이게 만들었다. 그래서 인간은 자유의지에 따라 개인의 사적영역이 철저하게 보장되고, 훼손된 자유를 발견하고, 개인적 권리를 요청할 수 있게 되었다. 하지만 이 자유 덕에 인간은 마치 형벌을 받은 것처럼 외로운 삶을 자유의지를 통해 만들어 가야 하는 길 잃은 양과 같은 존재가 되었다. 자유의지에 따라 이전보다 더 많은 자유를 누리게 되었지만, 자신의 선택을 책임져야 하는 부담을 떠안게 되었다. 실존적 인간이 획득한 자유에는 그만 한 대가가 있었다.

주체적인 인간의 선택과 그 선택의 결과에 대한 책임을 강조하는 실존의 자각은 인간이 완벽한 자유를 달성하기 어렵다는 한계

---

15 남경태,《철학입문 18: 철학으로 들어가는 18개의 문》, 서울: 휴머니스트, 2013, 62~63쪽.

를 규정한다. 왜냐하면 실존은 사람이 주체적으로 살 수 있다는 명확한 사실을 깨닫게 해 주지만, 동시에 주체적인 삶은 곧 유한한 인간의 생명과 밀접한 관련이 있고 이는 곧 죽음을 상정하기 때문이다. 죽음은 실존주의가 발굴해 낸 만능열쇠와 같은 개념이다.

우선 실존하는 인간은 죽음에 당당히 맞서야 한다는 사실을 일깨워 준다. 이는 인간이 더 이상 하늘나라와 같은 저승 세계에서 행복한 삶을 살기 위해 이승에서 고통을 견딜 필요가 없다는 것을 확인해 준다. 동시에 죽음 앞에 겸손하라는 실존주의의 가르침은 인간의 무한한 능력과 가능성의 한계를 인정하라고 촉구한다. 이 와중에 한때 주도적인 영향력을 행사했던 신화, 철학, 종교라는 지배담론은 과거의 위상을 회복하고자 실존적 인간이 누리는 자유를 규제하고 제한하려 한다. 죽음을 직시하고 살아 있는 동안 주체적인 삶을 살아야 하는 인간 실존의 조건은 제한된 자유인의 삶을 살 수밖에 없는 현실을 우회적으로 알려 준다. 따라서 인간이 주체적으로 실존한다는 사실은 인간이 완벽한 자유를 달성하기가 어렵다는 현실적인 자각을 내포한다.

20세기의 실존주의 선언문 격인 사르트르Sartre의 소설 《구토》의 주인공인 로캉탱은 연금 생활자이다. 부자는 아니지만 연금 덕분에 나름대로 자유롭다. 하지만 그는 남아도는 시간을 견디지 못해 자유의 대가를 톡톡히 치른다. 그에게 여분의 시간이 주는 자유는 실존적인 부담으로 다가온다. 그는 생활고라는 현실적 부담 대신에 주어진 실존적 부담으로 인해 여전히 자유롭지 못하다. 그래서

도서관에서 백과사전을 A부터 Z까지 순서대로 공부하면서 자신의 허전한 자유를 채우기 위해 실존의 시간을 견딘다. 사르트르는 실존하는 인간이 가진 자유인 '철학적 자유'를 '현실적 자유'와 결합시키려고 한다. 그는 인간이 원하든 원하지 않든 간에 근본적으로 자유로울 수밖에 없는 운명을 갖고 태어났다고 본다. 사르트르에 따르면, 계급이나 신분, 정치적·경제적 위치와 무관하게 모든 인간은 근원적으로 자유롭다. 따라서 인간의 실존은 자유의지를 견인하는 핵심축이다. 자유의지는 자율적인 선택과 동의어이다. 인간이 자율적으로 선택할 수 있는 이유는 자유의지를 가지고 있기 때문이다. 실존의 자각은 누구에게도 간섭이나 구속받지 않을 권한과 자유의지를 유감없이 발휘할 수 있는 기회를 주었다. 하지만 동시에 인간은 자신이 가지고 있는 주체적이고 자발적인 선택을 보류한 채 기존에 의지했던 신화, 철학, 종교의 권위에 갇혀 자유의지를 버리고 표류하는 존재다. 실존의 자각으로 개인의 내적 자유는 자유의지라는 주체적인 역량에 따라 자율적으로 선택할 수 있는 기회를 갖게 되었지만, 실존적 인간의 유한한 삶의 조건은 인간을 불안에 휩싸이게 하고 결국 자신이 누릴 수 있는 자유를 자발적으로 포기하게 만든다. 그래서 인간은 여전히 미신, 신화, 진리, 믿음이라는 권위에 자신을 내맡기며 원래 갖고 있는 자유의지를 포기한다. 실존은 자유의지라는 확고한 명제를 알려 주었지만, 역설적이게도 인간 능력의 한계 때문에 자신이 가진 자유의지를 스스로 포기하는 대가를 치르게 한다.

실존은 기존 삶의 목표가 객관적이고 보편적인 가치와 진리에 바탕을 두고 있다는 사실을 철저히 부정한다. 이는 마치 "의식이 결핍으로 존재하며 자체의 근거가 없기 때문에 끊임없이 외부를 지향하게 마련이다. 이것은 인간의 조건이고 근원적인 예속이다. 그러나 근거로 삼을 외부 대상으로 무엇을 선택할 것인가는 전적으로 의식의 자유"[16]인 것과 같다. 실존주의는 인간이 원래 자유롭기 때문에 자신을 자발적으로 변화시키고 창조해 나가는 존재로 이해한다.[17] 호네트Honneth는 이 세계 내에서 오직 홀로 존재하는 인간이 느끼는 자유로움의 정도는 인간의 의지에 따라 모든 애착들로부터 절대적으로 자유로울 수 있다고 주장하는 사르트르의 자유 개념이 홉스의 소극적 자유 개념을 급진화한 것이라고 본다.[18]

우리가 일단 특정한 삶을 선택하지 않을 수 없게 되면 개인적인 전기나 원칙들, 정체성 혹은 타인에 대한 배려와 같은 것들은 전혀 우리를 제약할 수 없다. 사르트르에 의하면, 실존적 선택의 순간에는 우리 자신이나 타인들에게 우리 자신을 '정당화할' 수 있는 어떤 기준도 없다. 차라리 우리는 인간의 생명이 우리에게 제공하는 실

---

[16] 남경태, 《철학입문 18: 철학으로 들어가는 18개의 문》, 69쪽.

[17] 김비환, 《개인적 자유에서 사회적 자유로》, 서울: 성균관대학교출판부, 2018, 105쪽.

[18] Axel Honneth, *Freedom's Right: The Social Foundations of Democratic Life*, New York: Columbia University Press, 2014, p. 23.

존의 끝없는 가능성들 중 하나에 의거하여, 성찰도 하지 않고, 자발적으로 자신을 창조한다.[19]

반면, 또 다른 의미에서 실존적 자유는 "〔도덕적〕 정당화를 요구하는 것이라는 점을 정립하는 데에 있다."[20] 레비나스Levinas에 의하면, '실존의 최상의 부조리와 최상의 비극'은 개인 각자가 자신을 정당화하는 자유를 전제한다는 것이다. 개인은 자신의 정당화된 자유를 유한한 삶의 지표로 설정하고 자신만의 자의적인 자유를 행사한다. 하지만 자유의 개인적인 도덕적 정당화에 대한 끝없는 요구는 다른 사람들과의 인격적 관계를 통해 엄격하게 성립한다. "자유의 도덕적 정당화는 무한한 요구를 자신이 자유에 부여하는 데서, 자신의 자유에 대해서는 근본적 불관용을 베푸는 데서 성립한다. 자유는 확실성의 의식 속에서가 아니라 자기에 대한 무한한 요구 속에서, 모든 양심의 지양 속에서 정당화된다."[21] 다시 말해 레비나스가 이해하는 실존은 개인적으로 자신의 요구에 따라 자유를 만들어 낼 수 있다는 장점을 갖지만, 이렇게 만들어진 정당하다고 생각하는 자유는 결코 자유가 아니라는 것이다. 그가 보기

---

[19] Axel Honneth, *Freedom's Right: The Social Foundations of Democratic Life*, pp. 23-24.

[20] 에마누엘 레비나스, 《전체성과 무한: 외재성에 대한 에세이》, 김도형 · 문성원 · 손영창 옮김, 서울: 그린비, 2018, 456쪽.

[21] 에마누엘 레비나스, 《전체성과 무한: 외재성에 대한 에세이》, 458쪽.

에 실존은 개인이 자신의 자유를 마음대로 세울 수 있다는 사실을 알게 해 주었지만, 타인의 검증을 거쳐야만 비로소 가능한 것이다. 쉽게 말해, 자유는 타인과의 관계를 통해서만 확보될 수 있다는 것이다. 실존은 인간에게 자유의 생산자로 거듭나게 하고 무한한 자유를 요구할 수 있는 가능성을 열어 주었지만, 역설적으로 무한한 책임과 타인의 검증이라는 규제와 제한을 부여했다.

인간의 실존적인 삶은 '지금-여기'에 사는 사람들이 진정한 '자기 자신'을 찾아가는 목적지 없이 방황하는 외롭고 쓸쓸한 항해와 같다. 실존적 자각은 사람이 세계에서 분리되어 외롭고 두려움에 떠는 이방인과 같은 삶을 경험하게 만들었다.[22] 실존의 자각은 인간이 완전한 자유의지를 가진다는 확신을 주었지만, 인간 정신의 내적 모순이라는 극심한 불안 때문에 자유가 박탈된 것 같은 정서적 빈곤에 빠지게 만든다. 실존적인 삶은 감성과 이성이 빚어낸 신화의 시대, 철학의 시대, 종교의 시대, 과학의 시대가 남긴 유산과 다양한 문화적 관점이 복합적으로 버무려져 만들어진 산물이다. 인간이 자기 마음을 의지하고 맡길 수 있는 대상이 사라진 상태에서, 삶이라는 고독한 항해에서 행위하게 만드는 동기를 정당화하기 위해서는 반드시 자유를 붙잡아야만 한다. 실존적 인간이 마주한 선택하는 자유는 자유의 영역을 확장하는 기회를 제공했지만, 그 선택에 대한 책임이라는 원치 않는 의무도 부과했다.

---

[22] 에리히 프롬, 《인간의 마음》, 황문수 옮김, 서울: 문예출판사, 2004, 204쪽.

따라서 실존은 인간의 자유의지와 유한한 인간이라는 '한계상황'을 동시에 전제한다. 자유의지의 완벽한 구현은 책임을 동반하고, 인간의 유한성에 대한 자각은 인간이 결코 완벽하지 않은 존재라는 사실을 자각하게 하여 한계를 설정한다. 지금 인간이 찾고자하는 자유는 더 이상 수동적인 상태 또는 소극적인 자유를 의미하지 않는다. 실존하는 인간은 새로운 자유의 시각을 찾아내야 한다. 가상의 실재에 권위를 부여했던 지배담론이 자유를 규제하기 위해 설정한 허구의 올가미에서 탈출하는 것만이 진정한 자유를 찾는 길이다. 크리츨리Critchley는 실존하는 인간이 마주해야만 하는 자유를 솔직하게 표현한다.

죽음에 대해 말하고, 더 나아가 우리의 나약함과 죽을 운명에 대해 껄껄 웃음을 터트림으로써 우리는 피조물로서의 한계를 받아들이고, 그러한 한계가 바로 우리 인간의 자유의 조건임을 긍정한다. 인간의 자유에는 그처럼 한계가 있지만 그렇다고 해서 그 자유가 곧 수동적인 상태를 의미한다거나 어떤 결핍이나 제약을 의미하는 것은 아니다. 정반대로 자유란 자기 존재의 불가피한 숙명을 받아들이고 유한성의 감동적인 제약을 긍정할 것을 요구하는 현재진행형의 활동이다.[23]

23　사이먼 크리츨리,《죽은 철학자들의 서: 기이하고 우스꽝스러우며 숭고한 철학적 죽음

실존을 자각하고 주체적 자아로 거듭난 인간은 완전한 자유를 가진 인간의 조건과 불완전한 자유를 받아들이려는 비자유의 유혹 사이에서 여전히 고민하는 중이다.

실존과 자유의 융합은, 문화의 영역이 다양한 것처럼 실존적 인간이 제시하고 요구할 수 있는 자유의 종류가 그만큼 다양하다는 사실을 증명한다. 인간은 주체적으로 자신을 자각하는 실존하는 인간으로 태어나기 위해 지금까지 많은 길을 돌아왔다. 실존의 자각은 인간에게 자유를 선택할 수 있는 기회를 더 많이 열어 주었지만, 역설적으로 인간을 혼란스럽게 만들었다. 인간이 믿고 기댈 수 있는 지배담론이 주도하는 시대에는 간섭과 제약이 있더라도 삶이 자유롭다고 확신하고 위로할 수 있었지만, 실존적인 인간은 그렇게 할 수 없다. 지금까지 의지해 왔던 대상의 실체를 분명하게 알아차리게 된 순간, 인간은 더 이상 의지할 대상이 없다는 사실에 공허감을 느끼게 되기 때문이다. 또한, 지금까지 자신의 가치체계를 떠받쳐 왔던 신념을 버리고 새로운 인식을 받아들여야 하는 현실은 상실감을 안겨 준다. 이제 인간이 할 수 있는 일은, 개인에게 허락된 권리를 철저하게 발굴해 내고 요구하는 것뿐이다. 개인적 권리를 자유의 형태로 바꾸어 사회적 권리로서 자리매김하도록 끊임없이 요청하는 일, 즉 개인적 자유의 영역을 확장하도록 힘을 쏟는 일뿐이다. 이처럼 실존의 자각은 개인적 권리를 자유로 바꿀

의 연대기》, 김대연 옮김, 서울: 이마고, 2009, 345쪽.

수 있는 조건을 제공하고, 개인의 노력 정도에 따라 자유의 한계와 범위를 결정하게 만든다.

실존적 개인의 발견과 주체적 자아의 자각은 인간의 삶이 혹독하고 허무하다는 냉정한 현실을 깨닫게 했다. 허무한 삶이라는 비자유의 질곡에서 갈팡질팡하고 갈 곳 없이 헤매는 실존하는 인간의 마음을 다잡기 위해서는 두 가지 방법뿐이다. 하나는 굴곡진 권위와 지배로 다시 복귀하는 것이다. 신화적 상징과 철학적 본질, 종교적 믿음에 의지하는 나약한 인간 실존의 모습을 다시 받아들이는 것이다. 주체적인 인간이 원래 가지고 있는 자유를 포기하고, 그 대신에 주체적인 삶을 살고 있다고 스스로 합리화하고 위안하며 자기만족에 빠져 사는 것이다. 다른 하나는 철저하게 고독한 인간의 삶을 받아들이고 자신의 판단과 선택을 믿는 것이다. 쉽게 말해, 지금 인간이 자유와 관련해서 내릴 수 있는 선택은 인위적으로 만들어 세워 놓은 가상의 실재라는 권위에 의지하는 방법과 자신의 선택을 굳게 믿고 행위하는 두 가지 방법뿐이다.

자유와 실존의 융합은 자유와 비자유 사이에서 고민하는 인간이 자유의 범주와 목록, 항목을 새롭게 찾아내어 제도화할 수 있는 동기를 마련해 준다. 인간의 실존은 개인의 선택에 따른 책임에 걸림돌을 야기하는 개인의 권리라는 영역에서 자신에게 필요한 자유의 범주, 목록, 항목을 찾아낼 수 있는 가능성을 제공한다. 이제 실존하는 인간이 새로운 자유를 추구할 수 있게 하는 조건은 자신이 좋아하는 개인적 선호를 확대하는 일만 남았다. 스벤젠Svendsen

은 "자유는 단순히 개입이 없는 상태 이상을, 자신의 의지에 반하는 행동을 강요받지 않는다는 사실 이상을 요구한다. 즉, 온건한 권력의 감시망에서 완전히 벗어난 자기 형성의 공간을 필요로 한다"[24]면서 남에게 간섭받지 않을 사생활의 권리를 넘어서는 확장된 형태의 개인적 자유를 추구해야 한다고 강조한다. 자유와 실존이 융합된 지금의 인간이 할 수 있는 일은 개인적 선호에 따라 선택하는 것이다. 이때 비로소 실존하는 인간은 자유롭다고 느낀다.

실존은 인간의 자유가 막다른 골목에 다다를 수 있다고 경고한다. 자유와 실존의 융합은 인간이 완벽한 자유를 찾을 수 있는 가능성과 막다른 골목에 이르러 완벽한 자유를 피하려고만 하는 숙명을 동시에 갖고 있음을 알려 준다. 실존은 인간에게 완벽한 자유를 가질 수 있는 가능성을 열어 주었지만, 인간은 유한한 삶이라는 불확실한 현재를 회피하고자 본능적으로 자유의지를 버리고 무한한 자유의 가능성을 걷어차고 있는지도 모른다. 그래서 인간은 주체적으로 실존한다는 사실을 자각한 이후에도 완전한 자유를 끌어안지 못한 채 떠돌이 조각배처럼 여전히 삶을 배회 중이다.

기든스Giddens는 현대성과 자아 정체성의 관계에 관한 분석에서 인간의 가장 중요한 요인으로 자아의 성찰성을 꼽는다.[25] 그는 자

24 라르스 스벤젠,《자유를 말하다: 무엇이 나를 인간답게 만드는가》, 박세연 옮김, 2015, 서울: 엘도라도, 290쪽.

25 앤서니 기든스,《현대성과 자아 정체성》, 권기돈 옮김, 서울: 새물결, 2010, 39쪽.

아 정체성이 지속적으로 행해지는 연속되는 일상적 활동 속에 통합되어 있는 습관적 의식practical consciousness이 인간 활동에 특유한 존재론적 안정감을 준다고 본다.[26] 기든스에 따르면, 존재론적인 안정감은 키르케고르가 불안을 '자유의 가능성'이라고 묘사한 것처럼 "불안 또는 불안의 가능성이 존재론적 안전이 내포하는 인간과 대상이 서로 독립적으로 실존하고 있음에 대한 바로 그 '신념'에 있다".[27] 존재론적 안정감은 항상 불안한 심리적 감정 상태에서 벗어나 자유의지를 가진 존재로 거듭나는 것을 의미한다. 실존적 인간이 갖는 불안감을 극복하고 존재론적 안정감을 갖게 되면, 인간은 비로소 자신의 자유를 찾게 된다.[28]

실존주의는 인간의 자유의지를 전제하고 무한한 자유를 누릴 수 있는 가능성을 제공한다. 따라서 실존하는 인간의 불안은 새로운 자유의 의미를 찾을 기회를 제공하고, 자유의 범위를 무궁무진하게 확장할 수 있는 전제 조건이 된다. 이제 남겨진 과제는 실존이라는 막다른 골목에 서 있는 주체적인 인간이 자유의지로 무장한 채 자신의 권리를 확신하고 이를 사회적으로 제도화된 자유로 확증받기 위해 끊임없이 새로운 자유를 찾는 것뿐이다. 이러한 자유가 가능하려면 무엇보다 실존하는 인간이 자신이 내리는

---

[26] 앤서니 기든스, 《현대성과 자아 정체성》, 86~87쪽.

[27] 앤서니 기든스, 《현대성과 자아 정체성》, 102~103쪽.

[28] 앤서니 기든스, 《현대성과 자아 정체성》, 90~102쪽.

확고한 선택으로 자신의 운명을 결정할 수 있다는 자기 확신이 필요하다.

자유의지와 결정론

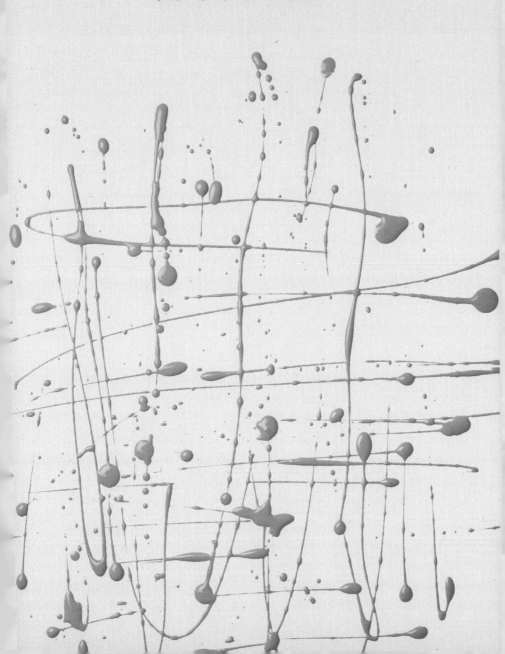

1. 지배담론과 결정론

막스 뮐러Max Müller는 신화가 자연현상의 알레고 리라고 말한다.[1] 예를 들어, 파도가 거세게 치면 '바다가 노했다'라 고 인격화하는 것처럼 추상적인 생각이나 개념을 의인화하거나 동물이나 식물의 형상으로 바꿔서 묘사하는 것이다. 신화적 세계 관이 가능했던 이유는 자연에 대한 막연한 공포심에 더해, 당시에 는 자연현상을 합리적으로 이해할 수 있는 능력이 인간에게 없었 기 때문이다. 신화적 세계관은 인간의 한계를 규정하고 자연과 자 연현상을 의인화하여 주술적인 가상의 실재를 상징으로 구축했 다. 신화적 세계관은 사람들의 사고를 운명론 또는 숙명론에 안주 하게 만들고, 신화라는 질서로 세상을 지배했다.

신화의 시대 이후 서양 사람들의 사고는 플라톤이 구분했던 본 질과 현상의 이분법적 사유와 플라톤의 철학적 방법론을 그대로 계승하여 대중 친화적으로 변형한 기독교 신념 체계에 뿌리를 두 고 있다. 본질적 토대주의essentialism는 플라톤의 철학에서 비롯된 형이상학적 신과 예수의 종교에 근거한 신학적 신의 권위를 바탕 으로 지금까지도 서양 사람들의 사고를 지배하고 있다. 플라톤의 철학과 예수의 종교에 의문을 제기하고 과학적 인간상을 도입했 던 근대 이후에도 철학과 종교라는 두 지배담론은 인간의 근본적

---

[1] Friedrich Max Müller, *Comparative Mythology: An Essay*, London: Routledge, 1909, 86쪽.

이고 포괄적인 문제에 대한 해답을 찾는다는 명분 아래 지금까지 지대한 영향력을 행사 중이다. 근대의 출발을 추동했던 과학적 사고마저 플라톤과 예수가 세워 놓은 사고 체계의 영향권에서 벗어나지 못하고 '과학화'라는 개념 대신 '세속화'라는 종교적 개념으로 그럴듯하게 포장한 채 본질적 토대주의라는 색채를 여전히 지우지 못하고 있다.

근대의 출발을 견인한 과학은 빈틈없는 이성의 활용을 약속하며 새로운 가치와 세계관을 제시했고, 종교라는 지배담론의 권위에 맞서 중세 사회를 이끌었던 신의 권위를 회의적으로 사유하게 만들었다. 하지만 근대의 출발을 주도했던 사상가들도 기독교라는 종교의 가치와 신의 권위를 완벽하게 끊어 내지 못했다. 새로운 시대를 이끈다고 자부했던 서구의 근대 사상가들도 철 지난 종교의 영향력에서 완전하게 벗어나지 못했고, 여전히 기득권을 유지하던 종교의 권위와 정치적인 타협을 꾀할 수밖에 없었기 때문이다. 근대 사상가들은 과학의 우위를 강조하고 종교적 권위를 과학적 권위로 대체하려고 노력했지만, 오랜 세월 동안 사회를 지배해 온 유신론적 사고에서 벗어나기는 쉽지 않았다. 결국 서양 사람들의 사고를 떠받치는 철학과 신학이라는 가치체계는 인간의 의지로는 결코 극복할 수 없는 어떤 외재적 실체를 은연중에 설정하고 있었고, 니체가 선언한 '인간이 바로 신'이라는 내재적 사고를 불가능하게 만들었다.

중세의 종교가 보장했던 규범적 자유는 일종의 제한적이고 배타적인 일원론적인 자유였다. 종교가 전지전능한 영향력을 발휘했던 중세에는 인간에게 객관적 자유와 주관적 자유를 보장하지 않았다. 중세에는 사적인 영역에서 소수의 사람만이 주관적인 자유를 누렸을 뿐 법적으로 보장된 객관적인 자유는 아니었다. 자유에 대한 진지한 고민과 활발한 논의가 가능해진 것은 근대로 접어든 이후이다. 서양의 근대는 인간이 천부적으로 자유를 갖고 태어났다는 자연권의 관점을 다시 발굴하면서 탄생했다. 개인의 자연권은 개인적 자유의 보장으로 이어졌고 자연법으로 완결되었다.

자유로운 사상에 눈뜨기 시작한 근대의 사상가들은 자연권을 소리 높여 주장했지만, 이 권리를 당시 새롭게 부상 중이던 시민세력에 부여하려 해도 종교적 권위를 거쳐야 하는 시대적 한계가 엄존했다. 자연권 개념을 내세워 자유를 주장해도 그 근거는 어디까지나 종교적인 테두리 안에 머물렀다.[2] 인간에게 자유라는 권리가 있다면 그 근거는 무엇인가? 자연권이다. 그렇다면 자연권은 어디에서 나오는가? 바로 이 지점에서 종교를 우회하거나 뛰어넘기가 불가능했던 것이다. 자연권이 인간이 태어나면서부터 주어

---

[2] 자연권과 종교의 관련성은 어색한 조합이지만, 근대 사상가들은 개인의 자유와 자연권을 설명하기 위해 종교와의 연관성을 제시한다. 이런 점에서 근대 사상가들은 종교를 마치 공기처럼 생각한 듯하다. 자유가 어떤 강제에서 벗어나도록 허용해 준다는 의미는 그 자유를 허용해 주는 주체를 찾는 일이다. 그 주체를 하늘이라고 본 로크의 자연권 사상은 신앙이 없는 사람에게는 그러한 권리가 없다고 주장한다. 근대 사상가들은 결정론적 사고가 팽배했던 시대에 자유의지의 가능성을 '주어진', '부여된', '허락 받은' 자유라는 소극적인 방식으로 설명할 수밖에 없었다.

지는 천부권天賦權이라는 생각은 상상하기 어려웠다. 이는 곧 종교적 권위에 대항하는 것이었다. 자유의 근거가 창조주가 아니라 천부적이라는 주장은 가히 혁명적인 사고의 전환이었다.[3] 자유가 창조주가 인간에게 선물한 것이 아니라, 인간은 태어날 때부터 스스로 자유롭다는 명제를 자각하는 데에 너무나 많은 시간이 걸렸다.

서양에서는 플라톤 이래로 모든 사물은 그 목적으로 규정되고 목적을 실현하고자 존재한다는 목적론적 세계관이 수천 년간 사람들의 사고를 지배했다. 철학과 종교의 목적론적 세계관은 관념 체계에서만 이해 가능한 '이데아'와 '신'이라는 결코 도달할 수 없는 가상의 실재를 구축했다. 철학은 정당성의 근거를 지적 성찰에서 찾고 종교는 초월적 구원을 제시했지만, 두 지배담론 모두 '본질'과 '천당'이라는 최종 목적지를 정해 놓았다. 철학과 종교의 목적론적 세계관은 '코끼리 다리를 만지고 나무'라고 주장하는 인간의 어리석음을 질타하고 전체론holism을 내세운다. 전체론은 단순히 부분만 보아서는 결코 이해할 수 없는 본질과 구원이 있다고 강조하고 부분이 아닌 전체, 즉 '이데아'와 '신'을 조망해야 한다고 역설한다. 반면에 부분보다 전체가 우선한다는 철학과 종교의 전체론에 반기를 든 과학은 세계를 올바르게 이해하기 위해서는 가장 세밀한 부분으로까지 쪼개어 분석해야 한다고 주장한다. 과학은 전체가 아니라 부분과 부분 간의 관계에 집중했다. 그렇게 철학의 본질과

---

3   에티엔 드 라 보에시,《자발적 복종》, 박설호 옮김, 서울: 울력, 2015, 38쪽.

종교의 구원을 대체하고자 전체보다 부분에 집착한 나머지, 가장 작은 물질의 존재를 전체로 인정하는 환원주의reductionism로 귀결했다. 결국, 부분보다 전체가 우선하는 목적론적 세계관인 전체론에 반기를 들고 당당하게 등장했던 과학은 환원론적인 사고로 전락하고 말았다. 과학은 철학과 종교가 각각 구축했던 추상적 가상 실재와 구체적 가상 실재를 밀어냈지만, 오랫동안 서양 사람들의 사고 틀을 지배한 이분법을 활용하기 위해 환원주의를 끌어들였다.

철학과 종교의 전체론과 과학의 환원론은 언뜻 생각하기에 목적론적 세계관과 인과론적 세계관이라는 서로 다른 세계관처럼 보인다. 하지만 과학의 인과론적 세계관도 일정한 인과관계 법칙에 종속된 결정론이란 점에서 철학과 종교의 목적론적 세계관과 다를 바 없다. 우연이나 선택 같은 자유의지가 비집고 들어갈 틈이 없는 결정론은 정해 놓은 틀에 맞지 않으면 억지로 늘이거나 잘라내는 프로크루스테스의 만능 침대와 같다. 결국, 철학과 종교의 목적론적 세계관과 과학의 인과론적 세계관 모두 결정론에 기대어 만물과 인간의 삶을 재단하기는 매한가지인 것이다. 목적론적 세계관으로 무장한 철학과 종교는 전체론을 강조하고, 과학은 인과론적 세계관을 제시하고 환원주의를 통해 주장을 정당화한다. 철학의 본질, 종교의 신, 과학의 사실 모두 결정론이라는 방법론적 전략에 따라 자신들의 담론이 진리라고 주장한다.

신화의 시대에는 만물에 생명과 혼이 있다는 물활론物活論적 결정론으로 인간의 자유의지 가능성을 부인했다면, 철학과 종교의 시대에는 부인의 근거가 목적론적 결정론으로 바뀌었을 뿐이다. 권력의 속성상 지속과 안정을 꾀하는 지배담론에게는, 끊임없이 의문을 제기하는 인간의 자유의지는 성가시고 불손한 가능성이었기 때문이다. 내적 동기에 따라 목적을 정하고 행동을 선택하는 자유의지는 지배담론이 효율적인 지배를 위해 구축한 규범적 인식 체계를 교란한다. 자유의지에 내재된 인간의 무한한 가능성과 능력은, 모든 답은 이미 정해져 있다는 결정론적 세계관과 그 전제부터 충돌한다. 신화적 세계관 이래로, 결정론이라는 사유 체계와 행위 규범은 서양의 철학적 본질과 종교적 믿음, 나중에는 과학적 세계관으로 형태만 바뀐 채 인간의 자유의지를 옭아매고 있는 것이다. 지금 이 순간에도 이미 빛바랜 지배담론의 권위에 의지하여, 인간이란 한낱 먼지와 같은 존재라며 자유의지를 부정하는 사람들이 있다. 그들은 한결같이 사람이란 웅대한 자연 질서 안에서 유한한 삶을 사는 완결되지 않는 존재라고 역설한다. 자유의지에 대한 이 같은 집요한 부인과 공격에서 지배담론이 가진 자유의지에 대한 두려움, 궁극적으로 자유의지가 가진 파괴력을 추론해 낼 수 있다.

결정론과 자유의지에 관한 수없이 많은 논쟁은, 마치 생물학에서 닭이 먼저냐 달걀이 먼저냐를 두고 결론 없는 다툼을 벌이는 것과 같다. 우리 인간은 아직도 객관적으로는 결코 검증할 수 없는 마술 상자와 같은 결정론이라는 블랙홀에 빠져나오지 못하고 있다. 마치 객관적인 진리를 다투는 것 같은 형식을 취하고 있지만,

결정론과 자유의지에 관한 논쟁은 결국 개인의 주관적 신념의 영역일 뿐이다. 부동Boudon은 경직된 형태의 "사고가 단순한 의견 수준으로 격하되었을 때, 사고의 유효성에 대한 객관적 판단 역시 의미를 잃게 마련"[4]이라고 말한다. 더 나아가, 과학적 결정론의 문제점을 이렇게 지적한다. "엄격한 객관성을 표방한다는 모든 지식에는 사실상 예외 없이 주관성이 내포되어 있고, 소위 지식이란 것 자체가 상호 모순적일 수 있는 동등한 자격을 가진 관점들이 병치된 것이라고 주장하는 것이다. 이런 주장에 심지어 음모론을 접합시킨 사람도 있다. 즉, 객관성을 표방하는 것은 자신의 개인적인 이해관계를 감추기 위한 위장술에 불과하다."[5] 결정론과 자유의지라는 것도 개인적 신념일 뿐이다.

신화, 철학, 종교, 과학이라는 지배담론에 편승한 사람들은 그 담론을 신념화하여 그것의 우월함을 주장하고 그 권위로 세상을 지배하려고 든다. 신화는 자연을 의인화한 상징에 의미를 부여해서 신격화하고, 상징이 인간의 한계 상황을 극복하게 해 준다고 믿게 만들려고 한다. 철학의 지배담론을 소유한 사람은 철학이 강조하는 지성적 성찰을 통해 본질을 찾아야 한다는 플라톤 철학에 감화되어 이 세상에 없는 이데아라는 본질을 찾아야 한다고 강조한

---

[4] 레이몽 부동, 《지식인은 왜 자유주의를 싫어하는가》, 임왕준 옮김, 서울: 기파랑, 2007, 107쪽.

[5] 레이몽 부동, 《지식인은 왜 자유주의를 싫어하는가》, 110쪽.

다. 종교는 초월적 구원을 추구하고, 이승과 저승의 삶을 대비시키며 이승에서의 고난을 감수하라고 역설한다. 철학과 종교는 둘 다 목적론적 세계관으로 무장하고 본질과 천당이라는 최종 목적지를 설정한다. 목적론적 세계관은 현세의 삶보다 이상적인 세계라는 목표를 추구하는 경향이 있기 때문에 일종의 숙명론적인 사고를 유도한다. 아무리 몸부림쳐 봤자 본질은 바뀌지 않는다는 철학의 태연한 겸손과 신의 섭리는 오묘하다는 식의 오만한 종교적 확신은 철학과 종교의 권위 아래 자유의지를 무릎 꿇린다. 더 나아가, 신념으로 승화된 지배담론은 인간에게 자유의지 따윈 없다는 노골적인 주장까지 편다. 그러나 이러한 주장은 이기적인 독설에 불과하다. 철학적·종교적 결정론은 인간이 완전무결한 존재가 아니라는 전제에서 출발하지만, 그 이론 구조 안에는 인간의 자유의지 가능성을 배제하려는 은밀한 기획이 깔려 있기 때문이다. 따라서 자유의지를 부정하고 결정론을 강조하는 사람은 자신의 담론에 갇히거나 조종당하거나 둘 중 하나이다.

실제로 신화, 철학, 종교 등의 지배담론이 자유의지를 핍박한 역사를 보면, 결정론이란 것이 지배담론의 정당성을 확보하는 매우 효과적인 방법이었음을 알 수 있다. 오늘날 기존 지배담론을 약화시키고 주류 담론이 된 과학의 사례를 살펴보자. 과학은 신화의 주술적 가상의 실재, 철학의 추상적 가상의 실재, 종교의 구체적 가상의 실재에서 탈피하고 허구적인 가상의 실재를 객관적 사실의 실재로 교체했다. 하지만 자유의지의 측면에서 보면, 과학 역시 기존의 지배담론이 기획했던 방식을 그대로 쫓아 환원주의라는 결정론적 세계를 제시하며 지배담론이 되었다고 할 수 있다. 예를 들어, 신경생물학은 사람이 자유롭게 생각하고 자유의지에 따라 행위한다고 믿는 것 자체가 오류이고, 사람은 단지 유전자로 창조된 생존기계 역할만을 수행하는 수동적인 존재라는 관점을 제시하며 인간의 자유의지를 철저하게 무시한다.[6] 심지어 뇌과학자들은 뇌에서 나오는 호르몬과 뇌에서 만들어진 화학적 신경전달물질이 인간의 생각과 행위의 결과까지 결정한다고 주장한다. 이는 신화, 철학, 종교라는 기존 지배담론의 권위를 무시한 채 과학이 새로운 지배담론을 획득했다는 사실을 과학적 환원주의와 결정론을 연결시키며 공표하는 것과 같다. 과학조차도 부분을 전체로 판단하는 '부분-전체'의 오류에 빠져, 과학에서의 부분적인 발견을 전체를 아우르는 유일한 인과관계로 결정짓고 있음을 알 수 있다.

종교적 전체론에 따른 목적론적 결정론과 과학적 환원주의에 근거한 인과론적 결정론은 유일무이하고 전지전능한 신 또는 오로지 하나만의 과학적 진리가 존재한다는 가정에서 출발한다. 이 세상의 모든 일을 관장하는 권능 있는 신의 섭리에 따라 모든 것이 결정된다는 종교적 전체론과, 세상의 진리는 이 세계에 존재하는 모든 물질을 가장 작은 단위의 물질로 쪼개다 보면 가장 근본이 되는 물질이 있다는 과학적 환원주의는 자유의지의 가능성을 부인

---

[6] 리처드 도킨스, 《이기적 유전자》, 홍영남·이상임 옮김, 서울: 을유문화사, 2023.

6장 자유의지와 결정론 /137

한다. 울프wolfe는 에드워드 윌슨과 리처드 도킨스, 대니얼 데닛이 내놓은 과학적 연구의 결과물인 신경과학의 학문적 확신을 "다 정해져 있어!' 그러니 나를 비난하지 마!"[7]라고 옹호한다. 심지어 벤자민 리벳의 인지실험은 뇌가 의지나 결정 같은 것이 의식되기 전에 이미 행위를 한다고 선언하며, 자유는 환상이라고 주장한다.[8]

인간에게 자유의지가 없다는 주장에 대한 과학적인 증명은 인간이 완벽하지 않다는 사실을 전제한다. 과학적 환원주의에 근거한 인과론적 결정론은 신이라는 가상의 실재가 사라진 인간의 삶에 과학이라는 새로운 가상의 실재를 구축한다. 바로 이것이 오늘날 우리가 진리라고 받아들이는 과학의 이면이다. 비판적으로 말해서, 과학으로 인간의 삶을 규정하는 과학만능주의라고 할 수 있다. 사람은 생각하고 의지를 갖고 행위할 때 비로소 자유를 실현할 수 있는데, 사람이 생각을 하지 못한다면 의지를 가질 수 있는가? 자발적으로 의식적인 행동을 하게 하는 내적 욕구인 자유의지가 없다면 어떻게 행위를 할 수 있는가? 과학적 결정론이 진리임을 주장하려면 과학은 이러한 질문에 답해야 할 것이다. 단언컨대, 유전자나 뇌에서 자유를 찾을 수 있다는 기대는 헛된 희망이다. 유전자와 뇌에서 자아를 찾으려는 시도 또한 망상일 뿐이다. 자유에 관해

---

7 Tom Wolfe, *Holling Up*, New York: Farrar, Straus & Giroux, 2000, p. 100.

8 비트기트 레키, 콘라트 파울 리스만 편집,《자유》, 조규희 옮김, 서울: 이론과실천, 2014, 11, 61~72쪽.

말하자면, 인간은 환원주의적 사고로 자유의지를 절대로 발견할 수 없다.

상징, 이데아, 신이라는 가상의 실재로 세계를 규정하고 인간의 삶을 이끌어 왔던 지배담론의 권위는 19세기 들어 서서히 약화되기 시작했다. 니체는 인간 삶에서 지배담론의 권위가 무너진 시대를 가리켜 '허무의 시대'라고 불렀다. 니체의 허무주의는 철학과 종교라는 지배담론이 인간의 삶을 절대적으로 규정한다는 사고에 혁신이 일어났음을 의미한다. 이제 인간은 이제껏 삶을 지탱해 주던 상징과 이데아, 신 등을 버리고 유한하고 불안정하고 완결될 수 없는 삶을 오롯이 혼자 직면해야 하는 처지가 되었다. 직접 선택하고 책임져야 하는 숙명을 짊어지게 되었다. 허무한 마음을 기댈 수 있는 대상이 사라진 실존의 시대에 우연이나 자유의지를 부정하는 결정론은 힘을 잃었지만, 인간의 나약한 내적 고뇌는 결정론을 쉽게 떠나 보내지 못하고 있는 것 또한 사실이다.

과격하게 말하자면, 결정론은 허상의 실재를 굳건히 믿고 이를 신념화한 신화, 종교, 철학, 과학에 지나치게 의존하는 사람이거나 인간 능력의 한계를 미리 한정짓는 겁쟁이라고 할 수 있다. 우리는 모두 인간 삶의 궁극적인 목적이 자유의지를 통해 자아실현을 완성해 나가는 것임을 알고 있다. 이는 곧 지속적인 자아 성찰을 통해 생각을 바로잡고 재규정하고 갱신하는 일이다. 이미 결정된 삶의 목적과 방향을 따르는 수동적인 삶이 아니라, 끊임없는 성찰과 탐색으로 삶의 방향을 재설정하는 능동적인 삶이다. 이러한 삶의 근본적인 추동력, 동기가 바로 자유의지다.

2. 양립가능주의와 양립불가능주의
: 자유의지, 결정론, 양립가능론, 불가지론

자유의지와 결정론에 관한 논쟁은 철저하게 서양식 사고방식을 따른다. '자유의지는 있는가?'라는 질문은 '인간은 결정론의 지배를 받는가?'라는 질문과 대척점에 있다. 자유의지와 결정론은 양립가능주의compatibilism와 양립불가능주의incompatibilism로 구분해서 논의할 수 있다. 양립가능주의는 자율적인 이성에 따라 행위를 결정하는 자유의지와 행위가 자연법칙의 인과성을 따른다는 결정론을 동시에 인정한다. 반면 양립불가능주의는 자유의지와 결정론이 양립할 수 없다는 관점을 견지하는 자유의지, 결정론, 비결정론 모두를 포함한다. 양립가능주의자들은 자연법칙에 의한 결정론을 인정하면서도 자연법칙의 결정론이 영향을 미칠 수 없는 자유의 차원이 있다고 본다. 반면에 신경생물학자를 포함한 양립불가능주의자들은 자연법칙에 의해 규정된 인간은 자유롭지 않고 단지 자유롭다고 느낄 뿐이라고 주장한다.[9]

스벤젠Svendsen은 양립가능론자들에게 가장 필요한 것을 일종의

---

[9] 비트기트 레키, 《자유》, 20쪽.

'자발성'이라고 보고, 행위자의 행동이 그 사람의 욕망에 따라 행동할 수 있고 그 욕망이 외부 압력에 방해를 받지 않아야 한다고 주장한다.[10] 자유의지는 합리적 행위자인 개인이 의지를 가지고 있다고 가정한다. 물론 이 자유의지는 자유 개념을 전제하지 않고서는 생각할 수 없다. 따라서 자유란 타인의 의지로부터 독립된 상태를 말하며, 이로부터 개인의 자발성과 자율성이 펼쳐질 수 있다.[11] 자유롭기 위해서는 외부의 방해가 없는 자발적인 행동이 있어야 하는데, 결정론과 자유의지를 인정하는 양립가능론자들은 자유의지가 자발적인 측면에서 더 강조되어야 한다고 본다. 바지니Baggini는 자유의지의 현실적 관점을 '적절한 인간 척도에서 자유의 개념을 이해'하는 것이라고 파악한다. 양립가능론은 인간이 본능적으로 자유로운 행위의 주체라고 믿는 자유의지의 오만함과 인간이 단지 인과적 필연성에 따른 자연법칙의 꼭두각시에 불과하다고 믿는 숙명론 사이에서 균형을 잡는 것이다.[12]

대부분의 현대 철학자들은 결정론과 자유의지를 동시에 인정하는 절충안인 양립가능주의를 선호한다. 절충주의는 결정론과 자유의지 논의처럼 극명하게 격돌하는 논쟁적인 상황에서 반대편

---

[10] 라르스 스벤젠, 《자유를 말하다: 무엇이 나를 인간답게 만드는가》, 박세연 옮김, 서울: 엘도라도, 2015, 91쪽.

[11] 비르기트 레키, 《자유》, 9쪽.

[12] 줄리언 바지니, 《자유의지: 자유의 가능성 탐구》, 서민아 옮김, 서울: 스윙밴드, 2017, 314쪽.

의 논박으로부터 최소한 절반의 동의를 이끌어 낼 수 있는 방법이다. 종교가 지대한 영향력을 발휘했던 중세에는 자유의지보다 결정론을 따르는 것이 당연했다. 하지만 신의 존재 유무에 관한 중세의 실재론과 유명론의 끝날 것 같지 않던 소모적인 논쟁은 두 입장을 모두 수용하고 결정론과 자유의지가 양립 가능하다는 결론으로 막을 내렸다. 이는 중세의 결정론과 자유의지 논쟁에서 절대적으로 우월한 지위를 차지했던 결정론이 자유의지의 관점을 수용한 결과라고 할 수 있다. 결정론을 신봉했던 사람들은 중세에 신의 존재를 논증하기 위해 실재론과 유명론이라는 보편 논쟁을 촉발했다. 하지만 신의 존재 유무를 논증하기 위해 시도되었던 중세의 보편 논쟁은 역설적이게도 실재론이 결정론으로 귀결되는 현실적인 위기를 촉발했고, 자유의지를 주장했던 유명론의 입장을 받아들일 수밖에 없는 결과를 가져왔다. 양립가능주의는 결정론이 자유의지에 순순히 자리를 내주기보다 논란의 여지가 되는 지점을 피하기 위해 불가피하게 내린 타협의 결과라고 할 수 있다. 남경태는 절충주의의 장점을 다음과 같이 묘사하고 비판한다.

양비론은 양시론과 마찬가지로 무의미하다. 이 기둥의 돌을 뽑아 저 기둥을 괴는 식이다. 어차피 기둥은 쓰러지고 집은 무너지게 돼 있다. 하지만 그래도 한참은 간다. 묘하게도 양비론은 쉽게 무너지지 않는다. 결국에는 무너지더라도 이리저리 논리를 돌려 가며 한껏 버틴다. 양비론은 구성하기는 쉬워도 무너뜨리기는 쉽지

않다. 그 맛에 양비론을 구사하는 것이겠지만 치사하고 치졸한 전략이다.[13]

케인Kane은 자유의지를 다섯 가지로 구분한다.

첫째, 자기실현self-realization의 자유로 사람이 원하거나 하고자 하는 것을 할 수 있는 힘 또는 능력을 갖는 것이다. 이는 고전적 양립가능주의 관점으로, 외부의 제약이나 방해 없이 자신이 원하는 바와 목적을 행동으로 실현하는 것이다. 이 경우에는 외부 제약의 부재를 의미하고, 충동이나 강박관념, 신경증, 중독과 같은 개인의 의지를 내포한 내적 제약을 뜻하지 않는다. 자기실현의 자유는 사람이 소중한 가치가 있다고 여기는 모든 사회적·정치적 자유를 포함하고, 이러한 외부의 제약이 없는 자유가 인권 개념에 필수적이며 자유로운 사회를 규정한다.[14]

둘째, 플라톤, 아리스토텔레스, 스토아학파와 같은 고대 사상가의 견해로, 반성적 절제 또는 이성적 자제reflective or rational self-control의 자유다. 이 자유는 반성적으로 고려한 이유에 따라 행동하고 싶거나 행동해야 하는 이유와 동기를 이해하고 평가하는 능력의 자유를 의미한다. 외부 제약이 없는 경우, 자기실현의 자유가 개인이

---

[13]   남경태,《철학입문 18: 철학으로 들어가는 18개의 문》, 서울: 휴머니스트, 2013, 304쪽.

[14]   Robert Kane, *A Contemporary Introduction to Free Will*, Oxford: Oxford University Press, 2005, pp. 163-164.

자기가 하고 싶은 대로 행위를 하는 것이라면, 반성적 절제의 자유는 행위에 대한 책임을 지는 규범적인 기능을 갖는다.[15]

셋째, 자기완성self-perfection의 자유다. 이 자유는 올바른 행동을 하기 위한 이유를 이해하고 올바른 이유에 따른 행동을 유도한다. 자기완성의 자유는 진실과 올바름에 따라 행위하는 자유를 의미한다.[16]

넷째, 자기결정self-determination의 자유다. 이 자유는 자신의 동기 및 목적에 따라 자신의 자유의지를 행사할 수 있는 능력을 말하고, 어느 정도까지 스스로 자유의지를 형성하는 것에 대해 책임을 진다.[17]

다섯째, 자기형성self-formation의 자유다. 이 자유는 다수의 자발적 통제를 갖는 의지 설정 또는 자기형성의 행동을 통해 과거에 결정되지 않은 방식으로 자신의 의지를 형성하는 힘을 말한다.[18]

케인이 말한 세 가지 자유, 즉 자기실현의 자유, 반성적 절제의 자유, 자기완성의 자유는 자유의지와 결정론을 동시에 인정하는 양립가능주의를 의미한다. 반면 자기결정의 자유와 자기형성의

---

[15] Robert Kane, *A Contemporary Introduction to Free Will*, p. 165, 168.

[16] Robert Kane, *A Contemporary Introduction to Free Will*, p. 168.

[17] Robert Kane, *A Contemporary Introduction to Free Will*, p. 172.

[18] Robert Kane, *A Contemporary Introduction to Free Will*, p. 172.

자유는 자유의지와 결정론의 양립불가능성을 뜻한다.[19]

자유의 본질을 파악하는 더 구체적이고 전형적인 방법은 자유가 결정론에 의한 것인지 아니면 자유의지에 따른 행위인지에 대한 입장 차이를 분석하는 것이다. 결정론과 자유의지와 관련해서는 다음과 같은 관점들을 가정해 볼 수 있다.[20]

1. 인간은 결정돼 있고, 자유롭지 않다.

2. 인간은 결정돼 있지 않고, 자유롭다.

3. 인간은 결정돼 있고, 자유롭다.

4. 인간은 결정돼 있지 않고, 자유롭지 않다.[21]

자유에 관해서 양립불가론의 입장인 1과 2는 결정론과 자유의지가 동시에 성립할 수 없다고 본다. 양립가능론은 3의 경우이고, 결정론과 자유의지 두 가지 모두 양립이 가능하다고 주장한다. 4의 경우는 회의론이고, 결정론과 자유의지를 모두 부정한다. 이 구분을 정리하면 [표 3]과 같다.[22]

---

[19] Robert Kane, *A Contemporary Introduction to Free Will*, p. 172.

[20] 결정론과 자유의지에 관한 네 가지 구분은 라르스 스벤젠의 책 《자유를 말하다》, 64~94쪽에서 많은 도움을 받았다.

[21] 라르스 스벤젠, 《자유를 말하다: 무엇이 나를 인간답게 만드는가》, 65쪽.

[22] 라르스 스벤젠, 《자유를 말하다: 무엇이 나를 인간답게 만드는가》, 65쪽.

[표 3] 결정론과 자유의지[23]

	결정론	자유의지	명칭
1	인정	부정	강경한 결정론hard determinism
2	부정	인정	자유지상주의libertarianism
3	인정	인정	양립가능론compatibilism
4	부정	부정	회의주의skepticism

결정론을 인정하고 자유의지를 부정하는 강경한 결정론hard deter-minism은 인간에게는 어떤 선택권도 주어지지 않고 결정론적 필연성이 자유를 불가능한 것으로 만든다고 본다. 강경한 결정론은 인간이 자유를 자각할 수 있는 능력을 갖고 있다고 인정하지만, 이 능력은 실체가 아니라 환상에 불과하다고 주장한다.[24] 제임스James는 결정론을 "결정론의 입장에서 실현되지 않을 가능성이란 순전히 환상에 불과하다. 그런 가능성이란 애초에 존재하지 않는다"라고 표현한다.[25] 결정론은 "~이라면 ~이다"라는 조건부 필연성을 내포한 엄격한 인과적 특성을 강조한다. 예를 들면, 결정론은 과거의 사건이란 현재의 사건이 일어나게 되는 원인을 제공하고, 현재

---

[23] 라르스 스벤젠,《자유를 말하다: 무엇이 나를 인간답게 만드는가》, 65쪽.

[24] 라르스 스벤젠,《자유를 말하다: 무엇이 나를 인간답게 만드는가》, 68쪽.

[25] William James, *The Will to Believe and Other Essays*, Dover Publications: New York, 1956, p. 151.

의 사건은 미래의 사건이 발생할 수 있는 원인을 제공하므로 미래 사건을 예측할 수 있다는 식이다. 결정론은 모든 사건에는 타당한 원인이 있고 "언제나 많은 일이 일어날 수 있지만 실제로 일어나는 일은 단 하나"라고 요약할 수 있다. 결정론의 핵심 논지는 라플라스의 악마가 이론상 가능하다는 것이다.[26] 다시 말해, 행위와 사건이 실제로 일어나기 위해서는 많은 경우의 수와 대안이 있을 수 있다. 이런 경우 자유의지를 활용하여 다양한 대안을 생각해 볼 수도 있지만, 결과는 최종적으로 하나로 귀결하기 때문에 결정론이 옳다는 것이다.

레키Recki는 자유의지와 결정론의 관계를 분석하기 위해 신학적·사회학적·심리학적·신경학적 결정론을 나열한다. 아우구스티누스의 신학적 관점은 인간의 이성에 따른 자유의지의 가능성이 이미 신의 섭리 안에서 이루어진다고 강조하고 자유의지를 논박하며 종교적 결정론을 주장한다.[27] 아우구스티누스는 자유의지가 신의 권능에 따라 악이란 것을 선을 위해 감수해야 하는 의도적인 행위라고 강조하고 목적론적 관점에서 이해한다. 이는 기독교가 창궐했던 시대에 자유에 대한 정신사적 억압을 고스란히 보여 준다. 특히 에라스무스와 루터의 자유의지 논의는 인문주의 사

---

26 줄리언 바지니, 〈자유의지〉, 《자유의지: 자유의 가능성 탐구》, 22~23쪽.

27 비르기트 레키, 《자유》, 28~34쪽.

상가와 종교인의 차이를 극명하게 보여 준다.[28] 에라스무스는 자유의지를 '의도의 힘'으로 파악하고, 이 힘을 통해 인간이 자신의 삶을 개척할 수 있다고 본다.[29] 반면 루터는 '신에 대해서는 혹은 구원이나 저주와 관련된 일에서는' 인간이 자유의지를 갖지 못한다고 주장한다.[30]

사회학적 결정론을 언급하는 마르크스는 '인간의 본질을 자유'에 있다고 본다.[31] 마르크스에게 자유란 정치적 자유를 의미하고, 자유를 탄압하는 사람들도 자유를 억압하는 도구로 정치적 자유를 강조한다고 주장한다. 마르크스에게 자유의지는 인간의 이데올로기적 환상에 지나지 않고, 이러한 자유의지는 단지 사회적 관계, 즉 경제적 존재로서 인간이 가진 계급의식의 맥락에서만 파악된다고 주장한다.[32]

쇼펜하우어는 심리학적 결정론을 제시하고 자유의지가 불가능하다고 말한다. 그는 "내가 원하는 것을 할 수 있다면 나는 자유롭다"[33]고 말하고, 행위자의 자의식 속에서 자유의지를 파악한다. 동

---

[28] 비르기트 레키,《자유》, 34~41쪽.

[29] 비르기트 레키,《자유》, 34쪽.

[30] 비르기트 레키,《자유》, 40쪽.

[31] 비르기트 레키,《자유》, 41쪽.

[32] 비르기트 레키,《자유》, 44쪽.

[33] Arthur Schopenhauer, *Preisschrift Über die Freiheit des Willens*. In: ders.: Werke, Bd. III. Hg. von Ludger Lütkehaus. Zurich: Haffmans 1988 (1839), p. 362.

시에 쇼펜하우어는 "당신은 스스로 무엇을 원하는지도 원할 수 있는가?"라는 질문을 던지며 인간이 의지 자체를 자유롭게 처분할수 있는가 반문한다.[34] 쇼펜하우어는 자유의 행위자가 "자신의 의지 자체에 무언가가 영향을 미칠 수 있다는 것을 고려하지 않는다"고 역설하고, 인간은 자유의지를 가진다는 기만적인 자기이해에 빠진다고 간주한다.[35] 그는 인간의 의지가 인과관계에 의해 규정되고 인간의 자의식뿐만 아니라 자유의지 또한 의지 자체에 무언가가 영향을 끼치기 때문에 자유롭지 않다고 주장한다.[36]

니체는 '의지의 자유에 대한 이론은 지배계층의 발명품'이라면서, 자유의지는 인간에게 행위의 자유에 대한 책임을 부과하는 방안이라고 해석한다.[37] 인간은 자발적으로 하는 모든 행위에 의해 비로소 자유롭다고 말할 수 있고, 이 경우 인간은 행위의 자유에 대한 처벌, 즉 책임이 지워진다. 그는 자유의 요구가 책임을 동반하는 귀책심리학이라고 명명하고, 자유의지란 교활한 신학자들의 노예화 전략이라고 평가한다. 니체에 따르면, 기독교 사상은 면죄사상의 위대함을 알리기 위해 자유의지와 책임이라는 유사 이항대립쌍을 제시하고 인간의 자유의지 가능성을 제한한다. 니체는

---

[34] Arthur Schopenhauer, *Preisschrift Über die Freiheit des Willens*. p. 364.

[35] Arthur Schopenhauer, *Preisschrift Über die Freiheit des Willens*. p. 362.

[36] Arthur Schopenhauer, *Preisschrift Über die Freiheit des Willens*. p. 362.

[37] Friedrich Nietzsche, *Beyond Good and Evil*, Translated by Walter Kaufmann, New York: Vintage Books, 1966.

신학적 결정론을 뛰어넘는 대안으로 자기 자신에 대한 무한한 신뢰에 근거한 자유정신을 보유한 인간상을 제시한다.[38]

신경학적 결정론을 따르는 리벳은 행위자가 인식하기 전에 뇌의 뉴런 세포가 이미 활동을 한다고 보고, 인간의 인식을 결정하는 것은 자유의지가 아니라 무의식적으로 일어나는 뇌 속의 연결회로일 뿐이라고 역설한다. 리벳에 따르면, 인간은 자유의지를 가지고 있는 것이 아니다. 인간의 행위는 뇌 속의 무의식적인 '준비 잠재성'에 의해 행위의 의도가 인식되기 전에 확정된다. 따라서 자유의지는 환상이라는 것이다. 리벳은 의식이란 뇌 활동의 단순한 연속이므로 의식이 자유의지를 결정하지 않는다고 말한다.[39] 이러한 형태의 결정론은 마치 "우리가 눈으로 보는 모든 것은 기본적으로 물질과 물질의 반응으로 이루어진 필연적 결과다. 마찬가지로 우리의 생각과 행동은 복잡한 생물학적 기계에 불과한 뇌의 산물이며 … 이 기계는 작동을 위해 자유의지를 필요로 하지 않는다"[40]고 주장하는 것과 같다.

하지만 리벳의 자유의지와 결정론에 관한 논의는 다음과 같은

---

[38] 니체, 《차라투스트라는 이렇게 말했다》, 정동호 옮김, 서울: 책세상, 2016, 192~197쪽; 비르기트 레키, 《자유》, 52~55쪽.

[39] Benjamin Libet, "Unconscious Cerebral Initiative and the Role of Conscious Will in Voluntary Action," in the *Behavioral and Brain Sciences*, Vol. VIII, Cambridge: Cambridge University Press, 2005, 173, 181쪽.

[40] 줄리언 바지니, 〈자유의지〉, 《자유의지: 자유의 가능성 탐구》, 23쪽.

질문을 하게 만든다. 리벳은 실험을 감행하기로 한 자신의 의지와는 전혀 상관없이 자신이 그 실험을 하기로 이미 결정되었다고 말할 수 있는가? 리벳이 실험을 하기로 결정한 자신의 의지와는 무관하게 뇌에 있는 물질이 그 실험을 하기로 기획하고, 결정하고, 실험할 대상을 선택했다는 말인가? 인간의 의식은 결정과 선택과는 전혀 무관한 일인가? 리벳의 주장대로 인간의 행위가 단지 뇌의 활동에 따라 결정된다면, 인간의 행위는 의지나 생각이 전혀 개입될 수 없다는 것 아닌가? 양립불가능주의를 주장하는 신경생물학자들은 자연법칙에 의해 규정된 인간은 결코 자유롭지 않고, 단지 자유롭다고 느낄 뿐이라고 확신한다.[41] 하버마스는 신경생리학적 방법으로 자유의지의 가능성을 논박하는 것과 관련하여, 마치 '19세기로 돌아간 것 같다'라고 평가하고 정신적 과정을 오로지 관찰 가능한 생리적 조건으로 설명하려는 19세기에 번창했던 '환원주의적 연구 전략'이라고 비꼰다.[42]

비결정론은 "어떤 사건을 완전하게 설명할 수 있는 타당한 원인이란 존재하지 않는다"는 관점이다. 루크레티우스Lucretius는 비결정론의 입장을 '원자'가 궤도로부터 어느 정도 벗어날 수 있고, 이

[41] 비르기트 레키, 《자유》, 20쪽.

[42] Habermas, "Freiheit und Determinismus," In: *Deutsche Zeitschrift für Philosophie*, 52. Jg., Heft 5, 2004, p. 871.

로 인해 '자유의 공간'이 생기는 것이라고 설명한다.[43] 그는 행위자의 행동이 인과관계에 얽매어 있지 않고 자유로운 결정을 내릴 수 있는 가능성을 가지고 있다고 본다. 하지만 사람의 몸과 모든 물질이 일정한 물리법칙을 전혀 따르지 않고 무작위로 사건이 일어난다면 사람은 결코 자유로울 수 없다. 왜냐하면 이러한 무질서의 상태에서는 아무것도 통제할 수 없고 아무것도 이해할 수 없는 상황이 되기 때문이다.[44] 결정론은 모든 결정이 필연적인 인과관계에 따라 치밀하게 연결되어 있다고 간주한다. 하지만 비결정론은 결정이 한 방향으로 흘러갈 수 있지만, 얼마든지 다른 방향으로 흘러갈 수 있다는 가정을 담고 있다.

자유지상주의libertarianism는 인간이 결정되어 있지 않고 그 선택도 결정되어 있지 않은 자유로운 존재라고 본다. 자유지상주의와 양립가능론은 인간이 자유로운 존재이고, 자유가 존재하기 위해서는 억압이 없어야 한다는 전제 조건을 공유한다. 하지만 자유지상주의는 인간이 자유로운 존재라고 주장하기 위해서는 양립가능론이 생각하는 것보다 더 많은 것이 필요하다고 본다. 자유지상주의는 행동에는 타당한 원인이 있다는 생각에는 동의하지만, 행동이 선행하는 조건에 의해 결정되지 않아야만 자유로운 행동이 가

---

[43] Lucretius, *On the Nature of Things*, Translated by Frank O. Copley, New York: Norton, 1977, Book II. pp. 216-293.

[44] 라르스 스벤젠, 《자유를 말하다: 무엇이 나를 인간답게 만드는가》, p. 55.

능하다고 주장한다. 이는 선택이 최종적으로 결정되는 순간까지 미결정 상태로 있는 경우, 즉 둘 중 하나를 선택해야 할 때 뚜렷한 이유가 없어도 하나를 선택하는 경우를 말한다.[45] 자유지상주의는 행동이 인과관계로 이루어지는 것이 아니라 순수하게 행위자에 의해 촉발된다고 보는 행위자 인과성agent causality이라는 개념을 따른다. 이는 행위자가 어떤 행동을 하는 것은, 행위가 인과론적 요인에 의해 결정되는 것이 아니라 행위자 자신이 '실행'을 결심했기 때문이다.[46]

호머는 "사악한 인간들이여! 자유롭게 창조된 의지를 가지고서도 자신의 모든 불행을 하늘의 섭리 탓으로 돌리고, 자신의 모든 죄를 신들이 정한 운명이라 원망하고 온갖 어리석음을 숙명의 범행으로 몰아 버리는구나"[47]라고 인간의 자유의지를 주장하며 결정론의 문제점을 제기한다. 인간이 자유의지를 가지고 있다는 것은 인간이 이성적이라는 사실에 근거한다. 칸트는 자유의지를 "초월적 의미에서 자유라 일컫는다. 그러므로 준칙의 순전한 법칙 수립적 형식이 오로지 법칙으로 쓰일 수 있는 의지는 자유의지"라고 주

---

[45] 라르스 스벤젠, 《자유를 말하다: 무엇이 나를 인간답게 만드는가》, 70~71쪽.

[46] Aristotle, *Nicomachean Ethics*, Translated by Robert C. Bartlett and Susan D. Collings, Chicago: Hackett Publishing Company, 2011, Book III, 1110a17f.

[47] Homer, *The Odyssey*, Translated by Alexander Pope, Independently published, 2020, Book I, Line 58.

장한다.[48] 따라서 자유의지는 인간이 자유롭게 판단할 수 있는 힘이다.

결정론과 자유의지 둘 다 거부하는 회의주의skepticism는 인간의 자유가 결정론에 따라 철저하게 인과적으로 결정되는 것도 아니고, 그렇다고 해서 인간의 모든 행위가 자유의지에 의해 일어난다고 보기도 어렵다고 강조한다. 회의주의적 관점은 사물의 본질 및 궁극적인 실체는 경험으로 알 수 없다는 불가지론의 입장을 계승하고 결정론과 자유의지 논쟁이 무의미하다고 주장한다.[49]

3. 지배담론, 결정론, 자유의지

자유의 속성을 규명하기 위한 양립가능주의, 양립불가능주의, 결정론, 비결정론, 자유지상주의, 회의주의 등의 관점들은 복잡하고 머리를 지끈거리게 만드는 철학적 논쟁을 반복적으로 재생산한다. 물론 이러한 노력이 자유를 명확하게 이해하는 데에 조금이라도 도움이 된다면 나름대로 정성을 쏟을 만한 가치가 있다. 하지만 이 논쟁이 단지 철학과 종교, 종교와 과학, 철학과 과학의 관계 정립을 통해 자신이 속한 지배담론의 우위를 강조

---

[48] 임마누엘 칸트,《실천이성비판》, 백종현 옮김, 서울: 아카넷, 2019, 88쪽.

[49] 라르스 스벤젠,《자유를 말하다: 무엇이 나를 인간답게 만드는가》, 93쪽.

할 방안을 고민하는 철학자, 종교인, 과학자만의 관심거리라면 다시 생각해 볼 필요가 있다.

아우구스티누스는 '신의 은총'을 강조하고 개인의 노력과 힘만으로는 올바른 일을 하지 못한다고 주장하며 예정설을 옹호한다.[50] 종교개혁을 주도한 루터 또한 예정설을 주장하고 자유의지를 옹호한 에라스무스와 논쟁한다. 칼뱅은 인간이 자유의지를 갖고 있다면 신의 의지 외에 다른 의지가 있게 되고, 그렇다면 신이 정하지 않은 일이 일어날 것이며, 세계의 질서가 신의 손에서 벗어나고 우발적인 사건에 맡겨질 것이라고 주장한다. 인간에게 자유의지가 없다고 주장하는 신학자들은 신의 의지에 따른 세상의 섭리를 강조한다. 이들은 자유의지에 따라 우연적인 사건이 난무하는 무질서한 세계가 되는 것을 경계한다. 종교 지도자들의 궁극적인 의도는 '신'이라는 가상의 실재를 세우고 질서 잡힌 세계를 기획하며 이러한 질서를 총괄하는 신의 대리인으로서 자신들의 권능을 유지하는 것이다. 이들은 우발적인 사건을 되풀이하는 인간의 삶이 늘 불안할 수밖에 없고, 이렇게 불안한 인간의 마음을 다잡을 수 있는 유일한 방법은 권위를 가진 대상, 즉 종교라는 믿음 체계 안에서 사는 길 뿐이라고 강조한다.

베르자예프Berdyaev는 인간이 자신의 평화와 행복을 위해 신념으로 무장한 채 자유를 쉽게 포기한다고 주장한다. 그는 "인간은 자

---

[50] 모리스 크랜스턴, 《자유와 인권》, 황문수 옮김, 서울: 문예출판사, 2014, 142쪽.

유라는 무거운 짐을 간신히 짊어지고 이 짐을 더 강한 어깨에 옮겨 놓을 수 있는 기회를 엿본다. … 인간이 자유를 이같이 포기하고 강제를 이같이 좋아하는 예를 사회주의라는 새로운 사상에서만이 아니라 신정정치에 대한 옛 이론에서도 찾아볼 수 있다"고 말한다.[51]

　나름대로 잘 짜인 가상의 실재를 상정한 종교는 여전히 사람들의 마음을 사로잡고 있다. 예정론으로 대표되는 결정론은 타락하기 쉬운 정신을 가다듬고 나약한 인간의 마음을 어루만져 줄 방안을 찾는 종교의 기획이다. 종교는 인간의 한계를 규정하기 위해 모든 것이 신의 섭리에 따라 이루어지는 질서 있는 세계가 필요하다고 강조하고, 인간의 자유의지 가능성을 제한한다. 사람의 생각이 바뀌어 감에 따라 시시각각으로 변하는 판단과 선택의 근거를 자연현상의 인과관계에 빗댄 결정론에 가두려는 속셈이다. 만약 예정론적 결정론이 옳다면 우리는 모든 미래를 예측할 수 있어야 한다.

　자유의지에 관한 심도 있는 논의는 중세에 기독교의 결정론을 옹호하는 방편으로 시작되었지만, 역설적이게도 자유의지가 있다고 생각하게 만드는 실마리를 제공했다. 칸트는 자유의지조차도 하나의 신으로부터 세계의 기원을 끌어내는 신학적 결정론으로 설명해야 한다고 생각했다.[52] 칸트는 플라톤의 '본질'과 '현상'이

[51]　Nicholas Berdyaev, *Freedom and the Spirit*, Translated by Oliver Fielding Clarke, New York: The Centenary Press, 1948.

[52]　비르기트 레키, 《자유》, 79쪽.

라는 이분법적 인식론 방법을 빌려 와서 철학 체계를 '물자체'와 '현상'으로 재현한다. 결정론과 자유의지를 동등하게 인정하는 양립가능주의는 경험론과 합리론이라는 서양철학의 두 가지 관점을 절충하고 종합한 칸트가 완결했다. 칸트의 절충론은 종교적 요소를 완전히 배제하지 못한 채 결정론과 자유의지를 동시에 어정쩡하게 수용한 사례라고 할 수 있다. 양립가능주의는 결정론과 자유의지 두 관점을 동등하게 인정하기 때문에 인간의 자유의지가 두드러지게 강조되지 않는다. 칸트가 제시한 양립가능주의의 잘못은, 세계의 모든 법칙을 자연법칙처럼 객관적이고 절대적인 진리로 파악하는 결정론과 이성적 통찰을 하는 존재인 인간이 스스로에게 부과한 행위의 법칙에 따르는 자유의지를 통합하려고 한 것이다. 이성적인 판단에 따른 인간 행위의 결과를 인과론적 자연법칙을 따르는 결정론과 굳이 결부시킬 필요는 없다. 결국 양립가능주의는 자유를 이해하는 방법론을 이래도 되고 저래도 된다는 식의 양비론으로 전락시키고 말았다.

중세의 막강했던 종교의 영향력이 쇠락한 지금, 대다수의 철학자들은 정답 없는 논쟁을 슬쩍 피해 가기 위해 결정론과 자유의지를 동시에 인정하는 양립가능주의라는 양비론을 지지한다. 이는 마치 유행이 지난 옷을 입어야 할지 입지 말아야 할지를 고민하는 것처럼, 행위하는 당사자가 순수한 자유의지에 따라 내린 선택과 조건부 필연성에 따라 선택하는 결정론적 요소가 동시에 성립한다고 주장하는 것과 같다. 서양의 철학자들은 자유의지와 결정론이라는 두 가지 관점의 관계를 정립하고자 과학까지 동원해 가며 지금도 논쟁 중이다. 이러한 논의는 단지 철학을 위한 철학으로 생계를 꾸리는 철학자들의 진리 탐구를 가장한 정답 없는 무의미한 논쟁이거나, 서양 사람들의 사고 체계에 깊이 뿌리내린 기독교라는 종교의 영향권에서 벗어나지 못한 탓이라고 할 수 있다. 만약 결정론과 자유의지 논쟁이 단지 지배담론을 수호하려는 의도로 결정론과 양립가능주의를 강조하는 것이라면, 자기기만에 빠진 인식론적 동어반복이라는 비판에서 자유롭기 어렵다.

결정론은 인간이 행위하는 행동의 경로가 예측가능성으로 인해 이미 결정되어 있다고 본다. 반면, 자유의지는 행동 경로가 어떠한 자극과 동기 또는 경험 때문에 바뀌어 새로운 행동 경로를 선택할 수 있다고 본다. 인과론을 넘어 새로운 선택이 이루어지더라도 결국 새로운 인과론으로 설명하려는 것이 결정론이라면, 자유의지는 새로운 선택이 이루어지게 된 그 선택의 결정에 초점을 둔다. 만약 행위자가 X라는 선택을 했을 경우 이는 원래 자신이 의도했던 결정이므로 합리적인 의사결정이 될 수 있다. 충분한 이유가 없거나 아무 이유가 없더라도 X와 Y 중 하나를 선택하는 것은 합리적인 의사결정이 될 수 있다. 이 상황에서는 특정한 하나를 선택해야 하는 특별한 이유가 없어도 그중 하나를 선택할 수 있다. 이런 선택이 행위자가 최종으로 결정하는 시점까지 미결 상태로 있고, 실제로 결정되지 않은 상태로 있다면 이 선택은 자유의지에 의

해 결정되는 것이다.[53]

결정론은 행위의 결과가 그 결과를 만들어 내는 원인이 반드시 있기 때문이라고 주장한다. 반면 자유의지는 행위의 결정이 인과론만으로는 설명하기 어려운 행동 방식을 결정하는 또 다른 '근거'가 있다고 간주하고, 이를 행동 방식을 결정하는 능력이라고 본다. 따라서 자유의지는 다양한 대안들을 떠올리고 그 대안들 중에서 선택하는 능력을 의미한다.[54] 벌린은 결정론보다 자유의지의 중요성을 강조하고, 인간이 새로운 가치나 문제의식 또는 비판적 사유에 따라 행위할 때 자유롭다고 말한다.

지식이 우리를 더 자유롭게 해 주는 경우는 오직 선택의 자유가 실제로 있을 때 — 지식에 기초해서 그 지식이 없을 때와는 다른 방식으로 행동할 수 있을 때, '해야 한다'거나 실제로 '한다'는 말뿐만 아니라 다른 방식으로 '행동할 수 있다'는 말이 성립할 때, 다시 말해서 필요가 없으면 실제로는 전과 마찬가지로 행동하겠지만 어쨌든 새로운 지식에 기초해서 달리 행동할 수가 있을 때, 그리고 실제에서도 때때로 달리 행동할 때뿐이다. 그와 같은 선택의 자유가 선행하지 않는 상태라면—그리고 그런 가능성도 배제되는 상황이라면

---

53 라르스 스벤젠,《자유를 말하다: 무엇이 나를 인간답게 만드는가》, 71쪽.

54 라르스 스벤젠,《자유를 말하다: 무엇이 나를 인간답게 만드는가》, 75쪽.

—지식으로〔서의〕 자유가 늘어나지는 않는다.[55]

결정론은 인간이 행위를 결정하기 위해 선택하는 과정과 최종적으로 내린 결과라는 두 가지 요소 중에서 과정보다 결과를 더 중시한다. 베르그손Bergson은 "자아의 활동을 말하자면 고정시키는 것으로부터 시작했기 때문에 자발성이 타성으로, 자유가 필연으로 해소되어 버리는 것을 본다. 그것이 자유에 관한 모든 정의가 결정론의 손을 들어 주는 이유"[56]라며 사람들이 결정론을 믿는 이유를 설명한다. 하지만 자유의지는 최종적으로 내린 결과에만 초점을 맞추는 것이 아니라 최종적인 결과를 도출해 내려는 수많은 대안들 중에서 고심하고 결정하며 선택을 내리는 과정이 개입되어 있다. 따라서 결정론은 선택한 결과에 집중하고, 자유의지는 대안들 중에서 최종적으로 선택하게 만드는 근거를 강조한다. 결정론과 자유의지의 근본적인 차이는 결과 중심이냐 과정 중심이냐에 초점이 맞춰진다.

인간은 생각의 자유를 통해 의지의 자유를 갖고 행위의 자유로 실행할 때 비로소 자유롭다. 만약 결정론에 따라 결과가 이미 정해져 있다면 인간이 생각하고 의지를 갖고 결심을 굳힌 다음 행위를

---

[55] 이사야 벌린, 〈희망과 공포에서 해방〉, 《이사야 벌린의 자유론》, 박동천 옮김, 2014, 서울: 아카넷, 502~503쪽.

[56] 앙리 베르그손, 《의식에 직접 주어진 것들에 관한 시론》, 최화 옮김, 서울: 아카넷, 2011, 270~272쪽.

할 필요가 전혀 없는 것 아닌가? 만약 결과가 이미 결정되어 있다면 인간이 자유에 대해 생각하거나 결핍된 자신의 자유를 요구하기 위해 죽음까지 무릅써 가면서 어렵게 의지를 갖고 행위하는 것은 어떻게 설명할 수 있는가? 신경생리학은 기계론적 세계관에 따라 유전자라는 물질이 인간의 사고와 행위를 결정론적으로 규정한다고 주장한다. 유전자 또는 유전자를 구성하는 물질이 과연 생각하는 이성적인 능력을 갖고 있는지는 과학자들이 참과 거짓으로 밝힐 일이다. 하지만 만약 유전자나 유전자를 구성하는 물질이 생각하는 존재라고 하더라도 이것들의 행위조차도 이미 결정되어 있다는 주장을 누가 믿겠는가? 쉽게 말해 이미 모든 것이 결정되어 있다면 지구를 지키는 환경보호를 위한 노력이 무슨 의미가 있으며, 이미 결정될 인생인데 아등바등 살 필요가 있을까? 거칠게 말하자면, 결정론은 자유의지라는 능력을 최대한 발휘할 수 있는 인간의 적극적인 의욕을 꺾기 위한 훼방일 뿐이다. 자유의 속성을 제대로 규명한다는 명분 하에 인간은 자유의지를 갖고 있지 않고 결정론이 옳다고 주장하는 것이 대체 자유를 이해하는 데에 무슨 의미가 있고 어떤 도움이 되는가? 이미 빛바랜 결정론의 찬란한 영광을 되찾기 위해 의미를 부여하려고 안간힘을 쏟기보다는 오히려 자유의지에 대한 생산적인 논의에 힘쓰는 일이 더 절실하지 않을까?

실제로 조건부 필요성에 따라 선택한 결정의 행동 경로가 미리 결정되어 있다는 선험적 결정론에 집착하기보다, 자유의지에 따라 선택한 결정에 책임을 져야 하다는 사실을 인지하고 행위를 하는 발생적 자유의지의 설명에 더 공을 들이는 것이 자유의 진정한 의미를 이해하는 데에 더 능률적이다. 자유의지는 특히 근대 이후 철학 분야에서 가장 많이 다루는 주제이지만, 자유의지와 결정론에 대한 논의는 소모적인 논쟁일 뿐이다. 철학자들은 자유의지와 결정론에 대한 소모적인 논쟁에 지금도 너무나 많은 노력과 시간을 소진하고 있다.

결정론에 대한 강조는 단지 철학, 종교, 과학의 권위를 지탱하려는 지배담론의 기획 또는 방법론적 도구로 활용되고 있다.[57] 현대 철학을 대표하는 초기의 실존주의 철학마저도 결정론과 자유의지 문제를 논의하고 있다. 프롬Fromm은 인간이 속박당하지 않을 때 행복하지 못하고 오히려 강제를 원하는 것이 인간의 속성이라고 주장한다.[58] 속박의 부재가 아니라 속박을 받는 사람이 느끼는 안도감은 참된 자유를 찾고자 하는 자유의지의 가능성을 내버리게 만든다. 인간은 나약한 존재이고 삶이 불확실하기 때문에 자유의지라는 능력을 벗어 던지고 결정론을 따르고 싶어 하는 경향이 있다.

---

[57] 결정론과 자유의지에 대한 논의는 양립불가론과 양립가능론으로 나뉘어 여전히 활발하게 토의되고 있다. 하지만 여전히 많은 철학자들이 중세의 결정론을 그대로 답습하고 양립가능론을 지지하는 것은 놀랍다. 그들은 특히 종교는 자유의지가 없다고 전제하고 결정론의 사고를 철저하게 따른다. 현대의 과학자들은 어떠한 지배담론보다 과학의 우위를 강조하기 위해 과학적 환원주의로 결정론의 입장을 확고하게 견지한다. 배타적 사고와 가치에 기초한 결정론이 난공불락의 요새처럼 현대에도 여전히 그 힘을 발휘하고 있다는 사실이 참으로 기이하기만 하다.

[58] Erich Fromm, *Escape from Freedom*, London: Holt Paperbacks, 1994.

자유의지의 유무에 대한 고민은 특히 종교의 권위를 버리지 못하고 궁지에 처한 신앙을 옹호하거나 인간의 정신적인 허약함을 드러내는 일일 뿐이다. 종교의 영향력이 점차 쇠락해 가는 지금, 철저하게 고독하고 불안한 존재일 수밖에 없는 실존하는 인간은 결정론이 제시하는 사고 체계에 자신을 맡기고 싶은 유혹을 뿌리치기 힘들 수 있다. 지금까지 가상의 실재가 구축한 권위에 정신적으로 의존해 왔던 실존적 인간이 태생적으로 느낄 수밖에 없는 본질적인 '불안'은 의지하고 싶은 권위가 사라진 허무한 처지에서 벗어나기 위해 때로 자유의지의 가능성을 부인한다. 이는 자신이 삶의 주체로서 자유의지에 따라 선택하는 행위를 통해 진정으로 자유롭게 실존하는 인간이 될 수 있다는 사실을 애써 망각하려는 실존적 인간의 역설적인 모습이라고 할 수 있다. 이제 우리는 결정론과 자유의지에 관한 거창한 논쟁에서 자유의 의미를 찾아내려는 노력을 기울이기보다 오히려 인간이 자유의지를 가지고 있다는 사실에 대해 좀 더 솔직해질 필요가 있다.

인간은 항상 선택 앞에 놓여 있다. 선택은 마음의 결정, 즉 어떤 문제를 해결하기 위해 다양한 수단 중에서 어느 하나를 골라내어 행위하는 것이다. 선택하는 행위는 인간이 자유의지에 따라 자신의 삶을 실행하고 책임을 지는 것이다. 선택은 두 가지 대안 중에서 하나를 최종적으로 결정하는 행위다. 플라톤은 '본질'과 '현상'이라는 이항대립의 사고 체계를 구축하고 지성적 성찰을 강조하며 서양 사람들의 인식 체계를 구축했다. 종교는 '천당'과 '지옥'이라는 철학의 인식 체계를 그대로 좇아 초월적 구원을 정당성의 근거로 내세웠다. 과학으로 무장한 데카르트 역시 플라톤과는 사뭇 다른 사유 체계를 제시하고자 했지만, '정신'과 '물질'을 구분하고 실증적 검증을 강조하며 이분법적 방법론을 그대로 답습했다. 서양 사람들의 인식 체계를 떠받치는 이분법적 사유[59]는 키르케고르가 확증했던 '둘 중 하나'[60]라는 선택 상황을 상정했다. 결정론과 자유의지에 관한 논의는 두 가지 선택지 중에서 하나가 옳다고 강요한다. 하지만 왜 결정론과 자유의지라는 두 가지 선택지에 몰두해야 하는가?

현대의 철학자들은 중세의 종교 지도자들이 자신들의 권력을 유지하고자 정치적으로 활용했던 방식을 그대로 좇아 종교 권력을 지식 권력으로 바꾸어 자신들의 지적 허영심을 여전히 과시하고 있는 중이다. 논의를 단순화해서, 인간이 자유의지를 갖고 있다고 한들 무엇이 잘못인가? 그리고 자유의지에 따라 행위하고 그 행위에 대해 자신이 온전히 책임을 진다는데 대체 무엇이 문제가 되

---

[59] 서양의 인식 체계는 근본적으로 이분법이다. 철학의 토대를 구축한 플라톤의 '본질'과 '현상'이라는 이분법적 사고를 예수가 종교로 승화시켜 '선'과 '악'이라는 이분법 구도로 그대로 계승했다. 플라톤과 예수는 서양 사람들의 인식 체계를 여전히 이분법적 사고 체계에서 벗어날 수 없도록 옭아매고 있다. 니체는 철학의 세계를 구축한 플라톤과 종교의 영역을 창립한 예수를 철학과 종교의 신으로 간주한다. 플라톤이라는 철학의 신과 예수라는 종교의 신을 모두 버리고 주체적으로 사고하는 인식 체계를 가질 때에만 인간이 비로소 자유로울 수 있다는 니체의 통찰은 곱씹어 볼 만하다.

[60] Søren Kierkegaard, *Either/Or: A Fragment of Life*, London: Penguin Classics, 1992.

는가? 반대로 결정론을 주장해서 이득을 보는 사람들은 누구인가? 단순하게 말해서, 결정론은 지배담론을 확보한 기득권자들이 자신들의 권력의 정통성을 떠받치고 지배력을 공고히 하고자 난해한 형이상학적 논의를 내세워 자유의지가 없다고 주장하는 것이 아닌가? 그래서 사람들의 자유를 근본적으로 제한하는 것이 아닌가? 인간이 완벽한 자유의지를 갖고 있다는 사실을 감추고, 지배담론의 음모가 폭로되는 것을 막고자.

결정론의 핵심은 인간이 가진 능력의 한계를 인정하게 만드는 것이다. 결정론이 주장하듯 모든 것이 이미 결정되어 있다면 자유의지는 아무짝에도 쓸모없는 개념이다. 실제로 자유의지가 없다는 주장은 우연을 필연으로 꿰맞추어 인간의 불안한 마음을 일시적으로 해소시키고 정신적인 안도감을 줄 수 있는 매우 유용한 전략이다. 자유의지가 없다고 주장하는 결정론적 관점 또는 자유의지가 상황에 따라 가변적이라고 말하는 양립가능주의는 신화, 철학, 종교, 과학이라는 지배담론의 권위에 의존하려는 타성 혹은 나약한 정신의 다른 말이다. 그런데 지배담론은 자유의지에 따라 내리는 선택에 책임을 지는 규범적인 행위에조차 결정론이 개입되어 있다고 주장한다. 결정론과 양립가능주의는 지금도 자유의지의 예외적인 반증 사례를 들먹이며 자유의지의 한계점을 찾아내기 위해 여전히 분주하다. 외부의 힘 또는 영향력을 필연적인 것으로 받아들이는 결정론과 달리, 자유의지는 인간이 내적인 힘을 발휘하여 삶을 자발적으로 개척할 수 있는 가능성을 가리킨다. 자유의지는 인간이 매 순간 맞닥뜨리는 우연한 선택 상황에서 자주적이고 자유롭게 결정하고 행위하도록 유도한다.

목적론적 세계관은 인간이 자신의 의지와는 상관없이 이미 결정된 목적을 향해 삶을 살아간다고 주장한다. 철학의 세계관인 목적론적 방법론은 인간의 자유의지를 부정하고, 인간이 살아가면서 맞닥뜨리는 현상의 가치보다 결코 도달하기 쉽지 않은 본질을 강조한다. 종교는 인간을 자유의지와는 상관없이 이미 정해진 최종 목적지로 향하는 피조물로 간주한다. 종교는 자유의지의 가능성을 '주어진', '부여된', '허락 받은' 자유라는 수동적인 의미로 묘사한다. 절대자 앞에 세워진 인간의 겸손일까, 아니면 오랜 세월 기득권을 유지해 온 종교의 성공적인 기획일까? 분명한 것은, 종교역시 목적론적 세계관의 변종이라는 점이다. 철학과 종교라는 두 지배담론은 결정론에 그 근거를 두고 있다.

과학이 제시한 기계론적 세계관은 이성적인 합리론, 즉 결과에는 원인이 있다는 인과론을 따른다. 원인이 있으면 그 원인에 대응하는 결과가 반드시 도출된다는 합리성을 강조하는 기계론적 세계관도 인간의 자유의지 가능성을 부정하기는 매한가지다. 최근 신경생리학 분야에서 벌어지는 연구는 유전자라는 물질이 인간의 사고와 행위를 규정한다고 주장하고 인간의 자유의지를 부인한다. 반면 양자역학은 신경생리학이 주장하는 것처럼 과학적 환원주의에 근거한 과학적 발견이 자유와 관련하여 결정론을 따른다고 보기에는 무리가 있다고 주장한다. 하지만 신경생리학이 주도하는 결정론적 기획을 양자역학이 뒤집기는 아직 역부족으로 보인다. 논의의 핵심은, 과학의 시대를 대표하는 신경생리학과 양자역학조차 결정론과 자유의지 논쟁에서 여전히 벗어나지 못하고 있다는 사실이다. 철학과 종교의 목적론적 세계관을 버리고 인과론적 세계관을 구축한 과학의 영역에서조차 결정론과 자유의지 논쟁이 충돌하고 있다. 지배담론과 결정론의 전략적인 동거는 그만큼 뿌리가 깊고 강력하다.

자유의지가 종종 환상으로 폄훼되는 이유는 명백하다. 불안 때문이다. 우리가 시시때때로 그리고 불현듯 느끼는 이 불안의 정체를 알 수 없기 때문이다. 기존 지배담론의 입장에서는 실존하는 인간의 불안을 해소한다는 명분으로 자신들이 만들어 낸 가상의 실재를 떠안기지 않을 이유가 없다. 지배담론을 움켜쥔 권력자들은 인간에게 자유의지가 없다는 논의를 부추기고, 자신들의 명제를 슬그머니 결정론에 끼워 넣어 강조한다. 그리하여 인간 존재의 불안과 가상의 실재, 그리고 자유의지는 긴밀하게 한 덩어리로 묶이게 된다. 가상의 실재는 인간의 자유의지를 옭아매기 위해 고안된 지배담론의 기획이지만, 이 기획은 거꾸로 인간의 자유의지를 시험한다. 자유의지로 결정론을 선택해야 하는 것이다. 결정론과 자유의지의 딜레마이다. 그리고 이 결정론과 자유의지의 갈림길에서, 존재적 불안에 시달리는 사람들은 너무도 쉽게 자신들의 자유를 자유의지 없음과 바꾸어 버린다.

자신의 선택과 이에 따른 행위를 책임져야 하는 인간의 사회적 존재 조건은 자유의지를 상정한다. 어쩔 수 없는 선택을 해야 하는 상황에 내몰리더라도 우리는 책임 소재에 따라, 또 그 경중에 따라 그에 상응하는 사회적 책임을 져야 한다. 그리고 태생적인 자유 외에, 살아가면서 절실하게 필요해진 자유를 새롭게 사회에 요청하기도 한다. 인간은 자신의 모든 행위에 대해 통제력을 가질 때 비로소 자유롭다.[61] 어떤 일에 대해 '나에게 선택권이 없다'라거나 '내가 이렇게 된 것은 그렇게 교육받았기 때문'이라고 말하고 싶은 것은, 그렇게 말함으로써 책임을 면제받을 수 있다고 생각하기 때문이다.[62] 개인이 자신이 선택한 일에 대해 책임을 지는 행위는 자유의지가 있다는 사실을 방증한다. 자유는 생각하고 의지를 갖고 행위할 때 비로소 실현된다. 생각이 없는데 어떻게 의지를 갖고, 자유의지가 없는데 어떻게 행위할 수 있는가? 자유의지가 없다는 주장은 항상 불안할 수밖에 없는 인간의 나약한 마음을 비집고 들어가 웅대하거나 견고한 기존 질서에 의탁하라고 권하는 지배담론의 기획이다.

[61] 줄리언 바지니, 《자유의지: 자유의 가능성 탐구》, 42쪽.
[62] 줄리언 바지니, 《자유의지: 자유의 가능성 탐구》, 300쪽.

존재의 자유, 생성의 자유, 창발의 자유

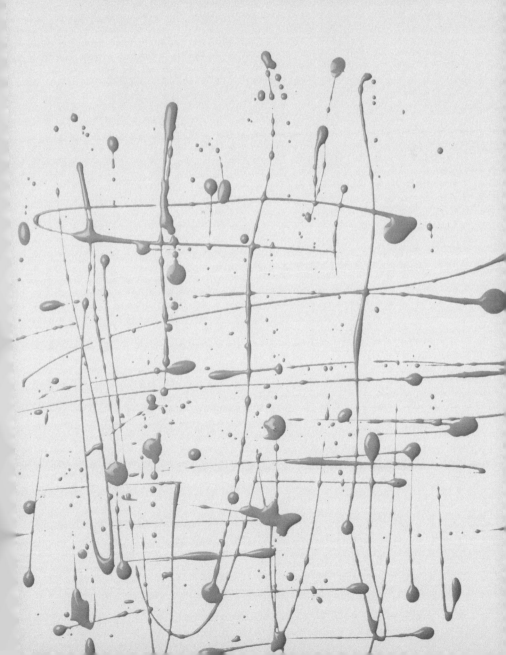

7장 3부와 4부는 〈선입견의 본질: 존재의 선입견과 생성의 선입견〉, 《국가와 정치》, 2023, 29집 2호, 49-88쪽에 실린 글의 내용을 부분적으로 인용하거나 수정한 것이다.

1. 존재의 자유

자유의 실체는 좀처럼 하나의 개념으로 규정하기 어렵다. 사람은 자신이 처한 상황에서 가장 중요하게 여기는 가치에 따라 자유의 의미를 부여하기 때문이다. 자유는 오직 하나뿐인 가치의 영역에 속하지 않고 개인마다 가장 중요하다고 생각하는 상이한 가치의 영역[1]을 자유와 결부시키므로 그 의미가 다의적이다. 그래서 사람마다 자신이 추구하는 상이한 자유의 가치 영역에서 자유의 결핍과 비자유의 불편함에서 탈피하고자 한다.

제2차 세계대전이 한창이던 1943년, 뮌헨대학교 소속 대학생들과 교수들이 결성한 '백장미단' 그룹 소속의 조피 숄과 한스 숄 남매는 독일인의 자유와 인권이 훼손되었다고 히틀러와 나치를 정면으로 반박하고 '무감각한 삶보다 참을 수 없는 고통이 낫다'고 정치적 자유를 외치며 20대 초반의 젊은 나이에 죽음으로 저항했다. 그들은 문명사회에서 살고 있는 사람에게 무책임한 악의 독재보다 더 수치스러운 일은 없다고 비판하고 자유를 찾기 위한 노력이 곧 책임이라고 역설했다.

---

[1] 왈저Walzer는 정의justice의 원리 자체가 다원적이라고 본다. 그는 "상이한 사회적 재화들은 상이한 이유에 근거해서, 상이한 절차에 따라, 상이한 행위자들에 의해 분배되어야 한다. 이러한 모든 상이성은 사회적 재화들 자체에 대한 상이한 이해로부터 파생되는데, 이는 역사적이고 문화적인 특수주의의 필연적 소산"이라고 정의 개념을 주장한다. Michael Walzer, *Spheres of Justice: A Defense of Pluralism and Equality*, New York: Basic Books, 1983, p. 6.

상이한 자유의 가치에 관한 또 다른 예로는 경제적 자유를 들 수 있다. 만약 빚을 진 사람이 갚아야 할 돈을 마련하지 못해 또다시 빚을 내야 하는 악순환을 겪는다면 그 사람에게 가장 절실하게 필요한 것은 정치적 자유가 아니라 경제적인 자립, 즉 경제적 자유일 것이다. 반면에 생명을 잃을 수도 있는 치명적인 병에 걸린 사람은 어떻게든 생명을 연장할 방법 외에 정치적 자유나 경제적 자유에는 관심이 없을 것이다. 그런데 그 병을 치료할 약이 그 사람이 감당할 수 없는 비싼 약이라고 가정해 보자. 그 사람은 국가를 상대로 생존할 권리를 요구하며 사회적 자유를 절실하게 요청할 것이다. 이렇게 사람은 자신이 속한 시간과 공간 그리고 상황과 환경이라는 요인에 따라 가장 중요하다고 생각하는 상이한 가치 영역에 대응하는 상이한 형태의 자유를 주장한다.

더 구체적인 상이한 자유에 대한 예는 교도관의 통제를 받는 죄수와 주인을 둔 노예를 생각해 볼 수 있다. 감옥에 있는 죄수는 자신이 하고 싶은 행위를 막는 교도관의 감시로부터 벗어나면 자유롭다고 느낄 것이다. 반면 노예의 경우에는 자신이 하고 싶지 않은 것을 하게 만드는 주인의 간섭이 자신의 자유를 박탈[2]한다고 생

---

[2] 노예해방 이전에 미국 노예들의 금전적 소득과 기대수명은 당시 프랑스와 네덜란드의 농업노동자들에 비해 상대적으로 높았지만, 노예해방 후 대부분 도망쳤다. 노예제도가 소멸한 후 농장주들은 기존 노예들에게 자유민으로서 임금을 두 배나 더 주고 집단노동 형태로 일을 시키려 했지만, 결국 성공하지 못했다. Robert Fogel & Stanley Engerman, *Time on the Cross: The Economics of American Negro Slavery*, Boston: Little Brown, 1974, pp. 125-126, 237-238.

각할 것이다. 죄수와 노예 모두 자신이 거주하는 곳에서는 최소한의 먹을 권리, 즉 경제적 자유는 보장된다고 생각할 수 있다. 하지만 죄수는 신체의 자유를 구속받고 있다고 생각할 것이고, 노예는 죄수와 달리 신체의 자유는 보장받는다고 생각할 것이다. 이런 상황에서 죄수는 우선적으로 감옥이라는 장소에서 벗어나는 신체의 자유를 원할 것이고, 노예는 주인이 행사하는 정신적인 지배에서 벗어나고 싶어 할 것이다. 이처럼 자유는 각 개인이 처한 구체적인 형태의 비자유, 즉 속박, 구속, 제약, 억압, 강제, 간섭, 차별 등과 같이 다양하지만 상이한 요소에서 벗어나고 싶어 하는 서로 다른 인간의 욕구를 표출한다.

루소Rousseau는 "사람은 자유롭게 태어났지만 사슬에 묶여 있다"[3]고 인간 존재의 한계를 예리하게 꿰뚫어 본다. 인간이 항상 사슬에 묶여 있다는 루소의 통찰은 실존하는 인간의 어리석음을 꾸짖는다. 루소는 자유가 훼손되거나 억압받으면 그 훼손된 자유를 당당히 요구해야 하지만, 사람은 자유로운 존재이면서도 자신이 인위적으로 만든 어떤 대상, 즉 가상의 실재에 권위를 부여하고 의지하여 너무도 쉽게 자유를 포기한다고 폭로한다. 그러면서 원래 완전한 자유를 갖고 태어난 인간이 이 자유를 당당하게 요구할 수 있는 자격이 있음에도 불구하고 여전히 자신을 비자유의 상태로 전락

---

[3]   Jean-Jacques Rousseau, *The Social Contract and Other Later Political Writings*, ed. v. Gourevitch, Cambridge: Cambridge University Press, 1997, p. 41.

시킨다고 한탄한다.

원래 자유로운 존재인 인간이 비자유의 상태에서 벗어나지 못하는 이유로는 외부적 요인과 내부적 요인을 들 수 있다. 외부적 요인은 인간이 공동체를 유지하기 위해 가상으로 구축한 신화, 철학, 종교, 과학이라는 지배담론이 규율하는 질서나 제도 등 인식과 행위의 틀이다. 가상의 실재로 구축된 지배담론이 자유를 추구하는 사람의 동기를 약화시키고 그 노력과 의지를 지속적으로 훼방하는 것이다. 내부적 요인은 인간의 내면적인 나약함이다. 의지로써 완전한 자유를 추구할 수 있는 실존적 행위 준칙을 내면적인 나약함 때문에 포기하여 자유의지의 가능성을 저버리는 것이다. 비록 가상의 실재이지만 저항하기 힘든 지배담론의 영향력과, 지배담론이 부재하는 실존적 상황을 견디지 못하는 인간의 나약함이 완전한 자유로 가는 길을 막아서고 있다. 이러한 외적 한계와 내적 한계를 넘어 비자유의 상태에서 자유의 상태로 전환하는 것은 어쩌면 불가능한 일일지도 모른다.

그럼에도 불구하고 사람이 끊임없이 자유를 갈구하는 이유는 결핍 때문이다. 결핍은 마땅히 있어야 할 것이 없거나 모자라는 경우 또는 욕구가 충족되지 못했을 때 느끼는 감정이다. 결핍은 사람이 경험하는 속박, 구속, 제약, 억압, 강제, 간섭, 차별과 같은 요인 때문에 권리가 박탈되었다고 느끼게 만들고, 자신이 누려야 한다고 생각하는 충족되지 않은 권리를 요청하도록 유도한다. 맥스웰 Maxwell은 자유를 "여러 상황에서 가치가 있는 것을 성취하는 능력"

이라고 정의한다.[4] 그렇다면 무엇이 가치 있는 것인가? 사람이 다양한 가치 영역 중에서 가장 중요한 가치를 선택하는 행위는 자신의 욕구가 무엇인지에 대한 분명한 확산을 필요로 한다. 이때 결핍은 사람이 가장 절실하게 필요하다고 생각하는 욕구를 가치로 성취하기 위해 자유를 적극적으로 요구하게 만드는 근거를 제공한다.

사람이 자유를 바라는 또 다른 이유는 불편함 때문이다. 불편함은 결핍 욕구와 함께 새로운 자유를 찾으려는 인간의 충동을 자극한다. 사람은 최소한의 경제적인 생활이 불가능한 경우에 상대적 박탈감을 느끼고, 만족할 만한 경제력을 갖추기 전까지 외부적인 간섭과 제약에서 벗어나기 힘들다. 외부적 간섭은 당연히 빈곤한 처지에 놓인 사람의 경제적 권리를 침해하기 때문에, 그 사람은 경제적 자유를 누리지 못하고 있다고 느낄 것이다. 불편함은 그 대상이 사람이든 물질이든 간에 간섭과 제약 때문에 침해된 권리를 깨닫게 만들고, 외부적 간섭과 제약에서 벗어나기 위해 이 훼손에 대한 심리적 보상을 요구한다. 그리고 박탈감이 없는 마음의 평온함을 되찾기 위해 자신의 권리를 보편타당한 자유의 범주로 완결하도록 요청한다.

인간이 외부에서 가해지는 속박, 구속, 제약, 억압과 같이 어떤 강제하는 힘에 맞서 저항하고 돌파구를 찾는 이유는 결핍과 불편

---

[4] Nicholas Maxwell, *From Knowledge to Wisdom: A Revolution in the Aims and Methods of Science*, Oxford: Blackwell, 1984.

함 때문이다. 결핍과 불편함은 자유를 찾는 계기를 제공한다. 만약 사람이 속박과 구속, 제약과 억압을 받는다고 느낀다면 이는 곧 정신적이든 물질적이든 자신이 욕구하는 어떤 대상이 부족하다는 것을 깨닫게 하고, 사람이든 물질이든 간에 그 대상 때문에 마음이 불편함을 느끼는 것을 인지하는 것과 같다. 부족함은 곧 자유의 결핍을 자각하는 것이고, 불편함은 비자유의 상태를 경험하는 것이다. 자유의 결핍과 비자유의 불편함은 특정한 개인이 특정한 시공간에서 사람으로서 가져야 할 권리의 범주를 다시 돌아보게 하고 자신이 처한 자유의 상태를 점검하여 자유의 속성을 보편적인 자유의 범주로 규정하도록 유도한다.

　로크Locke는 인간이 존엄한 존재가 될 수 있게 하는 정당한 권위를 생명life과 자유liberty, 사유재산property에 대한 권리에서 찾는다.[5] 로크의 공헌은 인간이 자신의 생명을 보존하고 사유재산을 확보하며 자유를 누릴 때 비로소 인간다운 삶을 살 수 있다는 보편타당한 권리를 설정한 것이다. 로크 이전에는 존엄한 사람의 생명을 보존하는 것이 자유를 보장하는 유일한 길이라는 단순한 관점만을 제시했다. 하지만 로크는 인간이 진정으로 자유로우려면 생명권의 보장과 함께 사유재산의 확보가 필수적이라고 강조했다. 이렇게 인간이 비자유의 상태에서 자유로운 상태로 전환할 수 있는 방

---

[5]　John Locke, *Second Treatise of Government*, C.B. MacPherson ed., Indianapolis: Hackett Publishing Company, 1980, ch. 9, par. 123.

법은 다양한 자유 개념의 범주를 하나씩 찾아내어 기존에 비자유의 범주로 간주했던 자유의 가치를 새롭게 일깨우는 것이다. 다시 말해, 비자유로 간주했던 특수한 가치 영역에 상응하는 다양하고 다의적인 자유의 요소를 발굴하고 자유의 영역을 넓혀 범주화하는 것이다.

범주는 원형 및 그 원형과 유사한 속성에 의해 규정되고, 고정되거나 획일적이지 않으며 다양한 목적과 맥락에 따라 조정될 수 있다. 범주화는 "어떤 속성을 부각하고, 어떤 속성은 축소하며, 어떤 속성은 은폐함으로써 어떤 종류의 대상 또는 경험을 식별하는 방식이다."[6] 따라서 범주화는 사물과 경험에 의미를 부여하고 세계를 이해하는 방식이다. 자유의 범주화는 개인이 원하는 상이한 자유의 가치와 자유의 영역에 의미를 부여하고, 바로 그 상이한 자유의 가치와 영역에 대응하는 원형으로서의 자유의 속성을 말한다. 이는 사람이 태어날 때부터 가진 것이든, 살아가면서 부족하고 불편하게 느껴서든지 간에 자신이 바라는 가치 영역에서 자신의 자유를 권리로 환원해서 자유를 찾는 것이다. 곧, 다양한 가치 영역(정치, 경제, 사회, 문화)에 대응하는 기본적인 자유가 정치적 자유, 경제적 자유, 사회적 자유, 문화적 자유처럼 범주화된 자유의 상위 개념으로 확립되어야 한다는 뜻이다.

---

6 조지 레이코프 · M. 존슨, 《삶으로서의 은유》, 노양진 · 나익주 옮김, 서울: 도서출판 박이정, 2006, 273~278쪽.

범주화된 상위 개념에서 자유의 영역에 대한 경계가 명확하게 그어지고 큰 틀에서 자유 개념이 확정되면, 상이한 가치의 영역마다 필요로 하는 더 구체적인 자유의 목록과 세분화된 자유의 항목을 요청하고 자유를 차츰 보강해 나가게 된다. 예를 들면, 정치적 자유라는 범주화된 자유의 영역은 참정권을 통해 투표를 할 권리(선거권)와 선거를 통해 선출될 수 있는 권리(피선거권)라는 자유의 목록을 정치적 자유라는 범주에서 보장하는 것이다. 경제적 자유의 범주는 자유로운 경제활동을 할 수 있는 권리, 인간으로서 최소한의 소득을 보장받을 권리 등과 같이 경제적 영역에서 경제적 자유의 목록을 보장하는 것이다. 사회적 자유는 인간이 존엄한 존재라는 사실을 직접 체험할 수 있도록 건강보험의 보장, 복지 수급제도의 조정 요구, 최저임금을 보장받을 권리 등과 같은 사회적 자유의 목록과 항목을 발굴하여 국가적 차원에서 최소한의 복지 혜택을 보장해 주는 것이다. 문화적 자유는 종교적으로 관용적인 사회를 보장하는 종교의 자유, 종교를 강요하지 않을 자유, 종교 내에서의 차별 금지처럼 특정한 사회에서 종교적 다양성을 개인의 독특한 문화적 표현으로 존중해 주는 것이다.

지금은 당연하다고 여기는 사상의 자유, 표현의 자유, 결사의 자유, 집회의 자유, 양심의 자유, 종교의 자유 등은 인간의 기본권으로서 제도적으로 완결되기 전까지는 그것을 침해해도 문제가 되지 않는 자유들이었다. 예를 들어, 기독교가 지배담론으로서 막강한 힘을 발휘했던 중세 유럽에서 종교의 자유는 생각조차 할 수 없는 자유였다. 그런데 종교 내에서 가톨릭과 개신교 세력이 첨예하게 격돌하고 교황의 권위가 약화되자, 종교 분파 간의 갈등을 무마하기 위해 종교라는 문화적 가치 영역에서 타협적으로 종교의 자유라는 새로운 자유가 생겨났다. 인간 삶의 다양한 가치 영역 중에서 중요한 요소라고 할 수 있는 종교가 격렬한 갈등의 원인이 되면서 종교의 자유라는 새로운 범주의 자유를 탄생시킨 것이다.

인간이 태어날 때 이미 자유롭다는 것은 개인마다 자유의 의미를 주관적으로 판단한다는 뜻이다. 그러나 사회와 국가와 같은 공동체에서는 공동체를 효율적으로 관리하기 위해 주관적인 자유의 관점들을 아우르는 객관적이고 보편적인 자유의 규준이 필요하다. 공동체를 이루고 살아야만 하는 인간의 집단적 군집성에 따라, 개인의 주관적인 자유는 공동체 구성원들을 효율적으로 규율할 객관적 명분으로서 보편적인 자유를 만들어 낸다. 각 개인이 중요하게 여기는 상이한 가치 영역에서 도출된 구체적인 자유의 양상은 추상적인 가치를 품은 고양된 개념으로 탈바꿈하고 보편타당한 자유의 범주로 완결된다.

생각의 자유, 의지의 자유, 행위의 자유는 상이한 가치 영역에서 해당 자유가 범주화되도록 직접적인 동기를 촉발하고 강화하는 과정을 통해 사회 구성원들의 합의를 거쳐 최종적인 자유의 범주로 제도화된다. 모든 새로운 자유의 범주는 제도적으로 확정되기까지 힘겨운 과정을 거쳐야 했다. 지금 우리가 당연시하는 자유들은 자유의 결핍과 비자유의 불편함을 겪으며 자유를 갈구했던 수

많은 사람들의 눈물겨운 희생의 대가라고 할 수 있다. 우리가 자유롭게 생각하고, 믿고, 말하고, 행동할 자유는 수많은 사람들의 권리들이 충돌하고 경쟁하는 권력투쟁 과정을 거쳐 어렵게 합의된 결과물이다. 이렇게 어려운 과정을 거쳐 제도화된 자유의 범주는 인간의 자유를 새롭게 규정하는 보편적 규준이 되어 한정된 시간과 공간에서 영향력을 발휘한다. 이처럼 제도적으로 정착되어 보편성을 획득한 범주화된 자유의 규준을 존재의 자유^{freedom of being}라고 개념화할 수 있다.

존재의 자유란 어떤 사회공동체의 모든 구성원이 필수불가결한 권리라는 데에 동의하고 인정하는 제도화된 자유의 형태이다. 제도적으로 정착된 자유의 형태인 존재의 자유는 특정한 사회공동체를 구성하는 사람들이 서로 공유하는 확고한 관념으로서 객관적 자유로 인정된다. 개인의 주관적인 권리의 자각이 특정한 사회에서 객관적 자유로 용인되고 다른 사회에서도 똑같이 인정받으면, 해당 자유는 보편적 인권처럼 더 고양된 규범적 개념으로 탈바꿈하여 마침내 보편적 자유로서 효력을 발휘하게 된다. 그런 다음 하나의 고정된 자유의 범주로서 보편적 속성을 부여받아 모든 사람들이 인정하는 존재의 자유로서 승인받는다. 그러나 일단 존재의 자유로 승인받은 다음부터는 부동성의 경향을 띠고 익숙한 자유의 체계를 고집하고 닫힌 공간에 안주하며 고착된 자유에 만족하는 것이 존재의 자유의 속성이다. 정리하자면, 존재의 자유는 제도화된 자유의 범주로서 익숙한 자유의 실재로 승인받은 자유다.

2. 존재의 자유와 생성의 자유의 마주침

사람은 원래 안정을 추구하기 때문에 변화에 주저하고 도전 앞에서 머뭇거린다. 심리학에서는 사람이 기본적으로 익숙하고 안정감을 주는 안전지대를 선호하는 존재라고 규정한다. 사람은 익숙함과 낯설음 사이에서 익숙함이라는 안정을 추구하는 합리적 존재로서, 새로운 변화에 적응하기 위해 기존의 생활 습관과 사고를 바꿔야 하는 경우에 거북함을 느끼거나 힘들어한다. 사람은 변화를 두려워하고 편안함을 추구하는 존재이므로 새로운 형태의 자유가 출현하는 것을 경계한다.

사람의 안정 욕구는 익숙하고 동일한 형태의 자유에 안주하려하고 예기치 않은 자유의 출현을 배격한다. 인간은 본능적으로 낯설음을 감당하기 힘들어 하는 존재다. 인간이 제도적으로 완결된 자유의 범주인 존재의 자유에 집착하는 이유도 변화를 두려워하는 인간의 본성과 맞물려 있다. 본능적으로 낯선 것에 대해 당혹감을 느끼기 때문에 새로운 자유의 범주와 목록의 출현도 거부한다. 낯설음에 대한 불안과 염려는 공포로까지 발전하여, 과거에는 그 또한 새로운 자유였을 존재의 자유 목록에 새로운 자유 범주가 추가되는 것을 극히 경계한다. 과거에 정체를 알 수 없는 짐승이나 재난은 곧 죽음을 의미했듯, 불안과 공포로부터 자신을 보호하려는 인간의 경계심은 낯선 자유를 향해서도 발휘되어 이미 검증되고 제도화된 존재의 자유라는 요새에 스스로를 가두게 된다.

이렇듯 존재의 자유는 고착된 형태의 자유를 지키려는 속성을 갖게 되어 제도화되고 익숙한 자유만을 고수한다. 그리고 사람들의 승인을 통해 정당성을 확보한 존재의 자유가 거꾸로 사람들에게 책임과 의무를 부과하고 자유의 경계를 지키는 파수꾼 역할을 하게 된다. '지금-여기'라는 시공간에서 사람들이 공유하는 제도적으로 고착된 자유만으로 충분하다고 여기는 것이다. 그 결과, 존재의 자유는 동일성을 토대로 완결된 자유를 전제하고, 응고된 시공간에서 고착된 형태로 자유의 필연성을 강조한다. 불확실하고 모호하게 지속하는 낯선 시간에 삶을 맡기기보다 확실하고 고착된 익숙한 공간의 명확함과 안락함을 선호하는 것은 인간의 본성이기도 하다. 베르그손Bergson은 인간의 안주하려는 본성을 지속하는 시간에서 고착된 시공간의 형태로 잡으려는 욕망으로 파악한다.

우리는 우리의 인상을 언어로 표현하기 위해 본능적으로 그것을 응고시키는 경향이 있다. 그로부터 우리가 끊임없는 생성 속에 있는 감정 자체를 그것의 영속적인 외부 대상 그리고 특히 그 대상을 표현하는 단어와 혼돈한다는 사실이 유래한다. 우리 자아의 잡히지 않는 지속이 동질적 공간으로의 투영에 의해 고정되는 것과 마찬가지로, 끊임없이 변하는 우리의 인상들은 그 원인인 외부 대상의 주위를 감싸면서 그것의 정확한 윤곽과 부동성을 취한다.[7]

---

7 Henri Bergson, *Time and Free Will: An Essay on the Immediate Data of Consciousness*,

자유는 시간과 공간의 제약을 받는다. 시간과 공간은 자유와 비자유가 교차하는 각축장이다. 시간의 흐름보다 공간의 제약을 강조하는 존재의 자유론자들은 제도와 법으로 특정한 시공간에서 용인하는 자유를 묶어 놓는 일에 집착한다. 존재의 자유는 시간보다 공간에 집착하고, 현재의 자유를 미래의 자유로 붙잡아 두기 위해 힘을 쏟는다. 반면 미완의 가능성을 간직한 **생성의 자유**freedom of becoming는 새로운 자유를 예고하는 방향성을 띠고 사회의 외적 제약과 개인의 내적 갈망을 포함하며 자기발생적으로 등장한다. 생성의 자유는 존재의 자유가 제한적으로 규정하고 응고시킨 공간에서 탈피하고자 새롭게 도출된 자유를 시간에 맡긴다. 시간은 흐름이고, 흐름은 존재의 자유로 제도화된 자유를 변환하거나 변경하도록 유도한다. 생성의 자유론자들은 빈틈없이 고착된 실체처럼 보이는 자유에 대한 시공간의 미세한 한계의 틈을 뚫고 시간의 흐름에 의지한 채 미래의 자유를 보장받고자 민첩하게 움직인다.

존재의 자유로 고착된 제도화된 자유가 의지의 자유라기보다 결정론에 근거하여 시공간을 붙잡는 자유의 필연을 강조한다면, 생성의 자유는 자유의지를 바탕으로 시간에 의지한 채 우연에서 새로운 자유를 찾는다. 생성의 자유는 우연한 직관을 통해 새롭게 자각한 자유의 결핍과 비자유의 불편함과 낯설음의 당혹감을 드

Translated by F. L. Pogson, London: Dover Publications, 2001, p. 130; 앙리 베르그손, 《의식에 직접 주어진 것들에 관한 시론》, 최화 옮김, 서울: 아카넷, 2017, 167쪽.

러내고, 시간이 경과하면서 서서히 존재의 자유의 한계를 폭로한다. 존재의 자유는 과거와 현재의 자유를 한정하고 과거와 현재의 자유에 충실하게 만들지만, 생성의 자유는 현재의 자유를 성찰하고 미래의 자유를 밝혀낸다. 존재의 자유가 제도적으로 완결된 범주화된 자유를 의미한다면, 생성의 자유는 비자유의 가치가 자유의 가치 영역으로 변모하는 과정을 거쳐 새로운 가치를 만들어 내는 자유이다. 사람은 자유를 통해 자신의 정체성을 끊임없이 확인하고 싶어 하고, 자유 역시 끊임없이 성찰의 대상이 된다. 그 결과, 새로운 자유가 끊임없이 생성된다. 베르그손은 존재의 자유와 생성의 자유의 기제를 공간과 시간에 대응하는 필연과 지속의 관계로 파악한다.

자유란 구체적 자아와 그것이 수행하는 행위의 관계를 일컫는 말이다. 우리가 자유롭다는 바로 그 이유 때문에 그 관계는 정의될 수 있는 것이다. 왜냐하면 사물은 분석되지만 진행은 분석되지 않으며, 연장성이 분해되지 지속이 분해되지는 않기 때문이다. 혹은 그럼에도 불구하고 분석하기를 고집할 때, 사람들은 무의식적으로 진행을 사물로, 지속을 연장성으로 변형시킨다. 구체적 시간을 분해한다고 주장하는 것만으로도 그것의 순간들을 동질적 공간에 펼쳐 놓는 것이다. 이루어지고 있는 사실 대신에 이루어진 사실을 놓고, 자아의 활동을 말하자면 고정시키는 것으로부터 시작했기 때문에 자발성이 타성으로, 자유가 필연으로 해소되어 버리는 것을 본다.

… 자유로운 행위의 심적 선행조건들은 다시 일어날 수 있고, 자유는 순간들이 모이는 지속 속에서 펼쳐지며 시간은 공간과 같이 동질적 장소임을 인정하는 것이다. … 자유에 관한 모든 해명의 요구는 생각지도 않게 다음과 같은 물음으로 환원된다. 즉, 시간은 공간에 의해 충분히 표상될 수 있는가? 거기에 우리는 대답한다. 흘러간 시간에 관한 것이라면 그렇지만, 흐르고 있는 시간을 말하는 것이라면 그렇지 않다고. 그런데 자유로운 행위는 흐르고 있는 시간에서 일어나지, 흘러간 시간에서는 일어나지 않는다. 따라서 자유는 하나의 사실이며, 사람들이 인정하는 사실들 중에 이보다 더 명확한 것은 없다. 문제의 모든 난점들과 문제 자체는 지속에서 연장성과 동일한 속성을 찾으며, 계기를 동시성으로 해석하고, 자유의 관념을, 그것을 번역할 수 없는 것이 분명한 언어로써 번역한다는 것으로부터 탄생한다.[8]

익숙한 자유의 실재로 인정된 제도화된 자유인 존재의 자유는 객관적이고 보편적인 자유를 확보했다고 믿고 낯선 자유의 목록과 항목을 마주하면 기존의 자유만을 고수하려는 자기합리화에 빠져 낯설고 새로운 자유를 좀처럼 인정하지 않는다. 존재의 자유는 자유를 부동성의 원리로 규정하고 제도화되어 고착된 자유의 틀 안에서 자유를 해석한다. 반면 생성의 자유는 개인적 권리를 자

---

[8] 앙리 베르그손, 《의식에 직접 주어진 것들에 관한 시론》, 270~272쪽.

신만의 개념과 언어로 표출하고, 익숙한 자유의 실재를 넘어서는 낯설지만 새로운 자유에 다가가는 인식과 행위를 말한다. 따라서 생성의 자유는 자유에 대한 개인의 내면적 불만을 야기하는 불충분한 자유에 이의를 제기하고, 직관적인 상상력을 동원하여 새로운 자유의 가능성을 구현한다. 익숙한 실재로 제도화되어 고착된 존재의 자유와 낯설지만 새로운 자유의 가능성을 제시하는 생성의 자유가 부딪히는 상황에서 새로운 자유의 대안을 찾기 위해 구체적이고 실질적인 자유의 목록과 세부적인 항목이 생겨난다. 새로운 자유를 찾아가는 데에 생성의 자유가 존재의 자유보다 더 이바지하는 이유는 사람에게 반드시 필요한 자유의 가능성을 타진하고 보강하도록 격려하기 때문이다. 만약 자유가 본질이 있다면, 생성의 자유는 그 본질에 한 걸음씩 다가가게 만드는 토대를 재규정하고 자유의 영역과 범위를 넓히는 역할을 담당한다.

고대적 자유와 근대적 자유의 구분은 개인과 사회의 역할 중에서 하나의 요인만을 강조하고 개인적 자유와 사회적 자유의 영역을 가름하며 자유의 범주를 규정한다. 기든스Giddens는 고대적 자유와 근대적 자유의 구분을 통해 제도화된 두 가지 자유의 범주를 '해방정치'라는 개념으로 분석하는 한편, 현대적 자유를 '생활정치'의 관점으로 설명한다. '해방정치'는 사회의 다양한 영역에서 각 영역에 필요한 구체적이고 실질적인 미시적 관점에서의 자유를 구상하는 것이 아니라 거시적 관점에서 보편타당한 자유의 가치를 제시한다.[9] 반면에 '생활정치'가 요구하는 자유의 형태는 유일한 하나의 실체 또는 실재하는 개념으로 파악되는 것이 아니라 더 구체적이고 실질적이며 세부적인 자유 개념이다. 왜냐하면 생활정치의 시대에 현대적 의미의 자유는 하나의 실체로는 규정할 수 없는, 다양하고 상이한 개인적 가치를 권리로 맞바꾸어 구체적인 자유의 목록과 항목으로 도출해 내는 것이기 때문이다.

고대적 자유와 근대적 자유가 동일성을 토대로 벌린Berlin이 구분한 것처럼 '적극적 자유'와 '소극적 자유'에 대응하는 자유 개념을 도출하고자 했다면, 현대적 자유는 다양하고 상이한 개인적 가치 영역의 차이성에 근거하여 자유의 목록과 항목을 하나씩 추가하고 자유의 개념을 확장한다. 만약 새롭게 도출된 자유의 목록과 항목이 제도적으로 안착된 존재의 자유의 범주에서 보장될 수 없다면, 새로운 자유의 범주와 목록과 항목을 나열하고 포함하는 역할을 생성의 자유가 담당한다.

3. 생성의 자유

마르셀 뒤샹의 '샘'은 예술 작품을 예술가의 손으로 직접 창조해야 한다는 생각을 파괴한다. '샘'은 예술가의 역할이

---

[9] 앤서니 기든스,《현대성과 자아 정체성》, 권기돈 옮김, 서울: 새물결, 2010, 332~354쪽.

예술 작품이라는 대상을 만드는 것이 아니라, 기존에 존재하는 낯선 대상을 획기적인 사고 전환을 통해 새로운 의미와 가치를 부여하는 것이라고 선언한다. 뒤샹은 관습적인 잣대와 틀에 갇힌 사고에서 벗어나 새로운 예술 혼을 담은 작품을 기준으로 제시하고 예술의 의미를 구현했다. 이처럼 새로움은 기존에 익숙하게 여겼던 대상과 낡은 사유를 파괴하고, 낯설음은 시간이 지나면서 새로운 익숙함으로 대체된다. 사실 인류의 역사는 '낡은 것'과 '새로운 것'이 교체되는 시간의 기록이다. 슈미트Schmitt는 이를 "낡은 힘과 새로운 힘들이 가장 격렬한 씨름을 벌이는 곳으로부터 정당한 척도가 생겨나고 의미심장한 새로운 비율이 형성되기 마련"[10]이라고 표현한다. 스티브 잡스Jobs는 '낡은 것'과 '새로운 것'이 서로 어떻게 전개되고 변환하는지를 다음과 같이 설명한다.

낡은 것이 새로운 것에 길을 비켜 주는 방식입니다. 지금 여러분들은 새로운 것입니다. 여러분의 시간은 한정되어 있습니다. 그러니 다른 누군가의 삶을 살면서 시간을 낭비하지 마십시오. 다른 사람들이 만들어 낸 결과물을 토대로 살아가는 도그마 따위에 빠지지 마세요. 타인의 의견들이 만드는 잡음이 여러분 내면의 진정한 목소리를 방해하지 못하게 하세요. 가슴과 직관을 따를 수 있는 용기

---

10 칼 슈미트, 《땅과 바다: 칼 슈미트의 세계사적 고찰》, 김남시 옮김, 서울: 꾸리에, 2014, 130~131쪽.

를 가지는 일이 제일 중요합니다. 가슴과 직관은 당신이 무엇이 되고자 하는지 이미 알고 있습니다.[11]

로티Rorty는 서구의 지적 전통이 초시간적으로 영속적인 진리의 세계로 나아가는 것만이 승리의 삶이 아니라 오히려 낡은 것과 새로운 것을 구별하는 삶이 그러한 삶이라고 주장한다. 그는 "인간의 삶[이] 존재의 우연성에 대한 전승된 서술을 벗어나서 새로운 서술을 찾아야만 승리의 삶이라고 생각한다. 이것은 진리의 의지와 자기 극복의 의지간의 차이다"라고 말하며 생성의 자유의 가능성을 서구의 지적 전통의 전환에서 찾는다.[12] 생성의 자유의 가능성을 서구의 지적 전통의 전환에서 찾은 것이다. '진리의 의지'가 익숙한 존재의 자유를 구축한다면, '자기극복의 의지'는 낯선 자유, 즉 생성의 자유를 상상하고 열망하게 하는 동기를 제공한다. 이처럼 생성의 자유는 자유에 관한 생각의 전환을 의지로 드러내고 행위로 실현한다.

개념을 정의하기 어려운 속성이 있는 자유는 그 개념이 끊임없이 확장하는 속성도 있다. 자유의 개념을 규정하는 순간, 그 개념이 보편타당한 개념인지에 대한 비판이 일거나 그 개념의 뜻매김이 논리적으로 문제가 없는지를 두고 논쟁이 벌어진다. 개념의 뜻

---

[11] Steve Jobs, Stanford https://www.youtube.com/watch?v=1utzfa-a5AY [2020년 12월 5일]
[12] 리처드 로티, 《우연성, 아이러니, 연대성》, 이유선 옮김, 서울: 민음사, 1996, 73~74쪽.

매김은 기본적으로 그것이 논리적 모순이 없는 분석적 판단인지를 검토하고, 그 개념을 보편타당한 개념으로 정의한 논리적 근거가 무엇인지를 따져야 하기 때문이다. 자유가 결코 완결된 개념이될 수 없는 것은, 인간 존재는 자신이 살고 있는 현재의 삶에 충실하고자 언제나 새로운 자유를 요청하고 그것을 무한정으로 확장하려는 열망이 있기 때문이다. 따라서 자유는 고정된 개념이라기보다 개인마다 중요하다고 생각하는 상이한 자유의 영역에 상응하는 자유의 가치와 대상을 확보하기 위해 새로운 자유를 끊임없이 요청한다. 자유가 변화하지 않고 고착된 존재의 특징이 아닌, 끊임없이 변화하는 생성의 특징을 갖는 이유다.

사람은 필연적인 자유 개념이 있다고 생각한다. 하지만 새로운 자유 개념의 발견은 사람들이 자유롭지 않다고 느끼게 만드는 권리를 우연한 기회를 통해 찾아내어 요구하는 것일 뿐 필연적으로 고정된 자유가 이미 존재하는 것이 아니다. 존재의 자유는 우연히 발견한 자유의 목록을 필연이라는 실재로 포장하는 과정을 통해 개인적 자유가 사회적 자유로 바뀌고 제도적으로 안착되어 범주화되는 작업을 수행한다. 반면에 새로운 자유를 찾아내는 것은 완결되지 않은 특정한 개인적 권리를 끊임없이 발굴해 가는 작업이다. 그러므로 존재의 자유는 부동적이지만, 생성의 자유는 지속적이다.

물론 자유는 결코 완결될 수 없는 개념이지만, 존재의 자유가 결핍된 권리 또는 불편한 권리를 자유의 범주로 바꾸어 잠정적이지만 제도적으로 완결한다면, 생성의 자유는 존재의 자유의 영역을 넘어서서 '권리들을 가질 권리'[13]가 보장되도록 새로운 자유의 목록을 찾아가는 과정이다. 성소수자를 예로 들어 보자. 그들은 한 공동체의 평범한 시민이지만 단지 소수라는 이유 때문에 '지금-여기'라는 시공간에서 그들이 절실히 원하는 권리를 행사하는 데에 어려움을 겪는다. 성소수자들의 결핍된 권리를 인정하고, 타인의 시선으로부터 불편함을 겪지 않도록 그들의 권리를 보장해 주는 것이 생성의 자유라고 할 수 있다. 밀Mill이 말한 것처럼 타인에게 해를 끼치지 않는다면,[14] 그들의 권리는 당연히 자유의 목록에 포함되어 보장되어야 한다. 전통의 굴레와 종교의 신념이라는 권위로 소수자의 권리를 제한한다면, 이는 다수의 소수에 대한 명백한 권한 남용이기 때문이다.

또 다른 예를 들자면 이주노동자, 소수민족, 난민, 미등록 이주자 등이다. 이들은 특정 국가에서 시민권이 없거나 박탈된 사람들로서, 사실상 '권리들을 가질 권리'를 갖지 못한다. 이들에게 인권

---

[13] Hannah Arendt, "The Rights of Man: What Are They?" *Modern Review*, 3:1, Summer, 1949, p. 30; Hannah Arendt, *The Origins of Totalitarianism*, New ed., San Diego: Harvest, 1986, p. 298.

[14] 새로운 자유의 목록과 항목이 등장할 수 있는 전제와 정당성은 밀이 말한 남에게 해를 끼치지 않는다는 것이다. 헤이우드는 "밀은 개인을 구속할 수 있는 유일한 정당화는 타인에게 '위해harm'를 가하는 경우라고 제안했다. 밀의 '위해 원칙harm principle'은 자유가 '과도해지는' 지점, 즉 자유가 방종이 되는 지점을 가리킨다"라고 자유와 방종의 영역을 구분한다. 앤드류 헤이우드, 《정치이론》, 권만학 옮김, 2016, 서울: 명인문화사, 314쪽.

은 단지 추상적인 개념이다. 시민권을 잃거나 시민권이 없는 이들은 특정한 공동체의 시민적·사회적 권리들을 모두 상실한다. 이들은 모든 법적 자격을 상실하고 단지 '자연적인 인간'이라는 지위만을 갖는다.[15] 이와 관련해 아렌트Arendt는 특정한 공동체에서 다른 모든 권리를 향유하기 위해 가장 먼저 필요한 '권리들을 가질 권리'란 '바로 그 하나의 인권'이라고 말한다. 아렌트는 유대인이라는 이유로 독일 시민권을 박탈당하고 고국을 탈출해야 했다. 이 경험을 통해 아렌트는 인간이 가진 '양도할 수 없는' 권리들, 즉 교육권, 투표권, 노동권 등 구체적인 권리들을 실제로 누리려면 그보다 먼저 '권리들을 가질 권리'를 가져야 한다는 점을 깨달았다.[16]

자유는 익숙하지 않고 낯설지만 새롭게 제시된 권리를 인정하는 과정에서 찾아야 한다. 생성의 자유는 각 개인이 내면적 성찰을 통한 자기실현에서 중요하게 생각하는 특정한 가치 영역에서 새롭게 깨닫게 되는 구체적이고 실질적인 권리의 목록과 항목을 당당하게 주장하는 것이다. 존재의 자유로 응고되어 고착된 자유의 표준과 기준은 생성의 자유가 도출되는 과정을 통해 존재의 자유에 새로운 자유의 표준을 받아들이도록 권하거나 유도하고, 이 과정을 끊임없이 되풀이한다.

---

[15] 스테파니 데구이어·스테파니 데구이어 외 4인, 《권리를 가질 권리》, 김승진 옮김, 서울: 위즈덤하우스, 2018, 33~68, 53쪽.

[16] Hannah Arendt, "The Rights of Man: What Are They?" *Modern Review*, 3:1, Summer, 1949, p. 36.

니체는 "개개인의 자유는 무엇으로 재는가? 극복해야 할 저항으로 잰다"라며, "사람이 소유하면서도 소유하지 않는 것, 사람이 원하면 쟁취할 수 있는 어떤 것, 이것이 자유"[17]라고 말한다. 생성의 자유의 가능성이 어떤 힘이나 조건에 굽히지 않고 대항하는 의지와 행위에 있다고 강조하며 방향성을 제시한 것이다. 니체는 시간과 공간이라는 한계 규정에 따라 자유를 파악하는 제도화된 존재의 자유가 생성의 자유를 견제하고 거부하는 이유는 본능이라고 파악한다.

책임을 따지는 것은 늘 심판하고 처벌하려는 본능이다. 이러이러하다는 어떤 현상이 의지로, 책임 있는 행위로 환원된다면, 생성의 결백성은 박탈당하고 만다. 의지에 관한 학설은 본질적으로 벌을 목적으로, 다시 말하면 '죄가 있다'고 인정하고픈 의욕을 목적으로 하여 날조된 것임이 틀림없다. … 인간은 심판받고 벌 받기 위해서, 죄지은 자가 되기 위해서 '자유롭다'고 생각되었다.[18]

인간은 자신을 둘러싼 비자유의 상황에 끊임없이 저항하는 삶을 산다. 비자유의 상황에서 벗어나고자 하는 인간의 끊임없는 노력과

---

[17] 프리드리히 니체, 〈어느 반시대적 인간의 편력〉,《우상의 황혼》, 강두식 옮김, 서울: 동서문화사, 2016, §38, 891~892쪽.

[18] 프리드리히 니체, 〈네 가지 중대한 오류〉,《우상의 황혼》, 강두식 옮김, 2016, 서울: 동서문화사, §7, 854쪽.

저항은 인간의 자유가 단지 존재의 자유로만 만족할 수 없는 이유를 잘 설명해 준다. 생성의 자유는 존재의 자유에 대항하고 저항하는 과정을 거쳐 자유의 목록이 무한히 확장되어 새로운 자유가 도출되도록 종용한다. 그러므로 생성의 자유는 자유를 찾는 동기를 부여하고 새로운 자유를 선구적으로 요청한다. 새로운 권리의 자각과 이를 바탕으로 출현하는 낯선 자유의 요구는 특정한 공동체에서 대다수 구성원들이 익숙한 자유로 인정할 때까지 비자유를 자각한 소수의 선구자들에 의해 제기된다. 낯선 자유의 요구는 상식이라는 이름으로 굳건히 자리를 지키는 관례적인 자유의 범주와 목록에 균열을 가하고 상식을 넘어선다. 그리고 생성의 자유는 야심 찬 새로운 자유의 출현을 가로막기 위해 관습적인 권리와 의무로 견고하게 방어진을 구축한 존재의 자유라는 요새를 무너뜨린다.

그렇다면 이 자유가 공간과 시간을 초월하는 자유를 요구할 수 있을까? 공간은 자유가 보장되는 장소이고, 시간은 구체적인 자유의 목록을 요청하게 만드는 터전을 제공한다. 흐르는 시간 속에서 자유의 구체적인 목록을 포착하는 행위는, 자유와 비자유의 경계를 구분하게 하는 실질적인 자유의 가치와 대상을 떠올리는 것이다. 생성의 자유는 각 개인이 자신의 욕구와 관련하여 공간이라는 한정적인 조건에서 벗어나고, 지속하는 시간이라는 역동적인 가능성의 요소에 기대어 자유의 개념을 끊임없이 뜻매김하며 새로운 자유를 요청하는 계기를 제공한다. 다시 말해, 생성의 자유는 고정된 실체로 파악되는 것이 아니라 동적인 사고의 흐름에서 포착하는 것이다. 베르그손은 이를 다음과 같이 말한다.

자유는 순간들이 모이는 지속 속에서 펼쳐지며 시간은 공간과 같이 동질적 장소임을 인정하는 것이다. … 자유로운 행위는 흐르고 있는 〔*현재라는*〕[19] 시간에서 일어나지, 흘러간 〔*과거라는*〕[20] 시간에서는 일어나지 않는다. 따라서 자유는 하나의 사실이며, 사람들이 인정하는 사실들 중에 이보다 더 명확한 것은 없다. 문제의 모든 난점들과 문제 자체는 지속에서 연장성과 동일한 속성을 찾으며, 계기를 동시성으로 해석하고, 자유의 관념을, 그것을 번역할 수 없는 것이 분명한 언어에 의해 번역〔된다는〕 것으로부터 탄생한다.[21]

생성의 자유는 과거에 몰입하고 비자유의 편에 서서 구속과 속박을 강요했던 비자유의 가치를 개인에게 의무적으로 강요하는 것이 아니다. 생성의 자유는 과거에 집착하지 않고 자유를 요구한다는 전제 조건을 충족시키기 위해 현재에 충실한 개인의 권리를 주장한다. 자유는 가만히 앉아서 외부의 영향이 없기만을 수동적으로 기다리는 것이 아니라 개인의 권리를 능동적으로 당당하게 요구하는 것이기 때문이다. 권리는 단순히 소유하거나 소유하지

---

[19] 기울여 쓰기는 필자가 첨가한 내용이다.

[20] 기울여 쓰기는 필자가 첨가한 내용이다.

[21] 앙리 베르그손,《의식에 직접 주어진 것들에 관한 시론》, 272쪽.

않거나 하는 것이 아니라, 어떤 사건들이 진행되는 과정에서 변화를 꾀하거나 효과를 얻기 위해 사용할 수 있는 법적이고 도덕적인 도구다. 그리고 권리는 고정된 것이 아니라 새롭게 나타나고 혁신되고 재구성되어 고안된다.

실제로 역사를 돌이켜 보면 권리가 저절로 주어진 경우는 거의 없었다. 대부분 강력한 반대에 맞서 싸워서 획득한 것이다. 19세기와 20세기에 권리를 상실하고 억압받던 노예, 흑인 자유민, 원주민, 장애인 등은 자신들의 권리를 주장하며 개인적 권리를 쟁취해 왔다.[22] 생성의 자유는 '지금-여기'라는 시공간에서 개인적 권리를 침해하고 자유를 구속하는 구체적인 문제에 집중하고, 개인적 권리를 옹호할 방안으로 상상력을 동원하여 미래의 새로운 자유를 찾아 제시한다. 생성의 자유는 존재의 자유가 규정한 자유의 범주가 인정하지 않는 자유의 가치 영역을 넘어서서 '지금-여기'라는 시공간에서 결핍되고 불편하게 생각하는 자유의 목록과 항목을 찾고, 미래 세대에게 실질적으로 필요한 자유를 선제적으로 제시하며 개인의 권리를 헤아린다. 따라서 생성의 자유는 인간의 권리를 보장할 그 어떤 완결되지 않은 미완의 자유를 지속적으로 찾는다. '~을 향한' 능동적인 자유이든, '~으로부터'와 같은 수동적인 자유이던 간에, 생성의 자유는 개인이 결핍되고 불편하다고 자각한 자신의 권리를 찾으려는 직관적 상상력과 긴밀하게 연관되어 있다.

---

22 애스트라 테일러 · 스테파니 데구이어 외 4인, 《권리를 가질 권리》, 151~178, 157~158쪽.

정리해 보면, 존재의 자유는 동일성에 주목하고 고정된 하나의 가치로서 보편적인 속성을 갖는다. 존재의 자유는 부동성을 기반으로 기존의 체계를 고집하고 닫힌 공간에 안주하려고 하며 제도적으로 고착된 자유에 만족한다. 반면 생성의 자유는 차이성에 주목하고, 자유 개념이 확장되는 현상의 인과성을 상대주의적인 속성으로 파악한다. 생성의 자유는 개방적이고 역동적이고 운동성의 경향을 띠며, 직관적으로 새롭게 자각한 개인적 권리를 자유로 바꾸어 지속적으로 새로운 자유의 의미를 창출한다. 따라서 존재의 자유는 익숙한 자유의 실재이고, 생성의 자유는 낯선 자유의 가능성이다.

고대적 자유는 개인보다 공동체의 덕 또는 공동선이라는 제도적 규제인 동일성의 가치에 역점을 두고 공동체의 존속을 부각하며 존재의 자유를 역설한다. 근대적 자유는 공동체의 존속보다 개인에 초점을 두고 개인적 자유의 보장이라는 존재의 자유를 강조한다. 반면에 현대적 자유는 근대적 자유가 발굴한 개인적 자유를 강조함과 동시에, 각 개인의 차이성에 초점을 두고 다양한 가치가 혼재하는 상황에서 주체적인 자아가 상이한 가치의 영역에서 자신의 권리를 당당하게 밝히며 각자의 정체성을 표출한다. 고대적 자유가 속박과 압제, 구속과 억압을 강요하는 제도적인 규제에서 벗어나는 거시적인 관점을 제시한다면, 근대적 자유는 제도보다는 각 개인이 자신의 권리를 자각하고 그 권리를 주장하는 미시적인 측면의 자유를 제시한다. 현대적 의미의 자유는 개인적 권리의 구체적이고 실질적인 대상의 범위를 자유의 목록과 항목으로 세분화해서 확장하는 초미시적인 권리를 제시한다. 그리하여 이제 자유란 근대적 자유가 발굴해 낸 개인적 권리를 세부적인 대상으로 넓히고 적용하며 자유의 가치와 의미를 찾는 행위라고 할 수 있다.

예를 들어 보자. 주변에서 속박을 받는 사람들에 대한 공감과 연대 의식, 유기 동물에 대한 연민, 반려동물의 생존권과 건강권의 확대, 더 나아가 식물의 권리 보장처럼 세부적인 관심 대상의 폭을 넓혀 그 대상에게 필요한 새로운 권리를 찾아 주는 것이 현대적 의미의 자유이다. 현대적 의미의 자유는 이렇게 구체적 대상과 공감대를 형성함으로써 발견하는 자유의 목록과 항목을 실질적이고 세부적인 권리로 하나씩 확장하며 자유의 개념과 자유의 영역으로 숙성시키는 것이다. 현대적 의미의 자유는 인간 해방이라는 거대 담론이 주도했던 방식만으로 자유의 범주category를 확장하는 것이 아니라, 개인적 권리를 미시적 자유의 목록list과 초미시적 자유의 항목item으로 그 범위를 확대한다. 이제 자유는 억압, 압제, 구속, 속박에서 벗어나는 방안으로 거대한 의미의 인간 해방을 넘어서 깨끗한 환경을 누릴 권리, 불필요한 소음에서 벗어날 수 있는 권리 등과 같이 미시적이고 초미시적인 자유의 목록과 항목을 끊임없이 요청한다.

유한한 공간에서 벌어지는 자유를 찾기 위한 무수한 노력들 중에서 한정된 시간과 공간으로 고정시켜 자유의 범주를 붙잡아 내는 것이 존재의 자유로 완성된다면, 비자유의 영역으로 간주했던 아직 알지 못하는 미완의 자유 개념을 구체적으로 포착해서 찾아내는 작업은 생성의 자유가 담당한다. 생성의 자유는 존재의 자유의 범주를 뛰어넘어 지금까지 밝혀지지 않았던 꼭 필요한 권리를 발굴해 내고 인간의 가치를 발현할 수 있게 하는 새로운 자유의 목록을 찾아내어 요구한다. 시간의 흐름을 정지시킨 채 공간에서 실체가 있는 사물 또는 대상처럼 자유를 붙잡는다면 존재의 자유로 고착되지만, 시간의 흐름 속에서 끊임없이 전개되는 새로운 자유의 실체를 포착하는 행위는 생성의 자유가 도출되는 과정이다. 존재의 자유가 수동적인 특성을 갖는다면, 생성의 자유는 능동적이다. 따라서 생성의 자유는 기존의 비자유 상태에서 벗어나기 위해 미세하지만 구체적이고 실질적인 새로운 자유의 가치 영역이라는 틈새를 뚫고 나온다.

생성의 자유는 새로운 자유의 가치를 구상하여 그 가치를 이식시키는 작업을 수행하기 때문에 본질적으로 구성적이다. 생성의 자유는 화석화된 자유가 아니라, 꿈틀거리고 변화무쌍한 구성적인 자유를 의미한다. 그러므로 새로운 자유를 찾아내는 일은 화석화된 존재의 자유의 바탕 위에 생성의 자유를 더하거나 덧칠하는 작업이다. 이는 단지 잃어버린 자유만을 찾는 것이 아니라 어떤 영향력 때문에 감히 알지 못했고 알면서도 말할 수 없었던 자유 또는 당연히 필요하다고 생각하는 자유의 범주와 목록과 항목을 하나씩 표출하며 차츰차츰 자유로워지는 과정이다. 생성의 자유는 구체적이고 실질적인 사안에 대한 자유의 욕구가 충족될 때까지 끊임없이 자유를 추구한다. 생성의 자유는 속박과 구속처럼 자유를 외부에서 규제하는 것에서 벗어나 개인 권리의 내적 결핍을 채워 가면서 점차 권리를 확장한다. 생성의 자유는 존재의 자유가 상징하는 마치 완결된 것 같은 자유가 아니라 비자유의 상태에서 자유의 상태로 변전하도록 동기를 부여하고 끊임없이 구성적으로 만들어 가는 자유다. 따라서 생성의 자유는 결코 굳어진 화석이 될 수 없다. 자유의 속성은 제도화된 어제의 자유를 비판적으로 이해하고, 오늘의 비자유의 문제점을 새롭게 발견하며, 예측 가능한 내일의 자유를 예견하는 것이다.

4. 창발의 자유

페팃Pettit은 기본적인 자유로 확립되고 일반적 범주를 지향하는 자유의 목록을 "당신이 좋을 대로 생각할 자유, 당신이 생각한 것을 말하고 표현할 자유, 당신이 선택한 종교를 믿을 수 있는 자유, 당신과 어울리기를 원하는 사람과 사귈 자유, 해당 지역사회의 사적 소유의 규칙에 따라 소유하고 거래할 자유, 직업과 고용 방식을 바꿀 자유, 당신이 살고자 하는 사회 내에서의 이동과 거주의 자유, 다양한 활동으로 당신의 여가를 보낼 자유"[23] 등

---

[23] 필립 페팃, 《왜 다시 자유인가: 공화주의와 비지배 자유》, 곽준혁 · 윤채영 옮김, 서울:

으로 열거한다. 이러한 자유의 목록은 빈곤, 기아, 안전, 보건, 의료, 교육과 같이 실질적인 자유의 항목을 보장해 줄 수 있는 기반 구조를 통해 비자유의 상태에서 벗어날 수 있게 해 준다. 이는 개인마다 가장 필요하다고 생각하는 자유의 상이한 가치의 영역과 각 개인이 실제적이고 구체적인 삶에서 깨닫게 되는 결핍된 자유를 찾아가는 노력을 반영한다. 자유는 삶의 마지막을 자진해서 스스로 정리할 수 있는 자유까지 포함하여 아직 실현되지 않은 비자유의 불편함을 발굴해 나가는 것이다.

그렇다면 결핍과 불편함 때문에 개인적 권리의 부재를 비자유로 인지한 새로운 유형의 자유가 불쑥 나타나는 이유는 어떻게 설명할 수 있을까? 프리고진과 스텐저스Prigogine & Stengers는 "비평형적인 불안정성의 임계점에서 질서와 구조가 자연발생적으로 창발한다"[24]고 새로운 형태의 자유가 나타나는 계기를 설명한다. 창발성은 각 단계마다 이전 단계를 토대로 이루어지지만, 그 전 단계에서 일어났던 요인들의 단순한 총합이 아니라 질적으로 전혀 다른 새로운 성질이 갑자기 출현하는 특성이다. 창발의 자유는 자유의 속성이라고 전혀 인식하지 못했거나 자유라고 생각하지 않았던 자유의 요건을 처음으로 포착하여 직관적으로 머릿속에 퍼뜩 떠

한길사, 2019, 137~138쪽.

[24] Ilya Prigogine & Isabelle Stengers, *Order out of Chaos: Man's New Dialogue with Nature*, New York: Bantam Books, 1979(1984), Ch. 5.

오르는 생각을 밝혀내는 행위다. 창발의 자유는 자유를 구속하고 속박했던 비자유가 잠복되어 있다가 나타나거나 전혀 새로운 형태의 자유가 불쑥 나타나는 것을 의미한다. 전혀 예측하지 않았던 새로운 자유의 목록과 항목이 끊임없이 돌연히 출현하는 것이야말로 자유의 심오한 속성이다. 자유의 본질적인 속성은 인간이 처한 상황에서 자유가 부족하면 부족할수록 자유가 없다고 느끼는 순간 새로운 자유를 요구하며, 낯설지만 새로운 자유 개념을 품은 자유의 목록과 항목을 도출한다.

창발의 자유는 존재의 자유와 생성의 자유가 부딪히는 경계에서 나타나고, 존재의 자유가 보장하지 않는 구체적이고 실질적인 자유를 발견하고, 자유의 새로운 목록과 항목을 도출하며, 존재의 자유에 균열을 가하면서 존재의 자유의 불안정성을 드러내는 순간을 의미한다. 따라서 창발의 자유는 실질적인 자유의 목록과 세부적인 자유의 항목을 밝혀내고, 창의적인 자유인 생성의 자유를 이끌어 내는 데에 도움을 준다. 이는 마치 돌연변이가 출현하는 것처럼 새로운 형태의 자유의 의미를 순간적으로 깨닫는 정신적 행위이다. 새로운 자유의 촉발은 창발적 속성을 띤 채 개인적 권리를 구체적이고 실질적인 자유의 목록과 세부적인 자유의 항목으로 요구하는 생성의 자유를 견인한다. 창발하는 자유는 사람의 자유로운 행위가 주어진 '모든 조건을 미리 알았더라도 예견할 수 없는 행위'로 간주하지 않고 끊임없이 구체적으로 지속하는 인간의

자유로운 행위가 이루어지는 바로 그 순간에 자각된다.[25] 오렐Orell
은 창발의 자유의 가능성을 이렇게 설명한다. "고착 현상이란 처
음에 확고하게 입지를 굳힌 사상이나 기술에 일종의 역사적 필연
성이 부여되는 것을 말한다. 마치 그것이 신이 내린 진리인 양 말
이다. 그러다가 마침내 새로운 사상이 출현할 때가 되면 여러 곳에
서 동시에 나타나는 경향이 있다. 마치 더 이상 누를 수 없다는 듯
이."[26] 창발의 자유는 존재의 자유에서 생성의 자유를 유도하는 원
동력이다. 그리고 새로운 자유가 창발하는 순간을 시공간에서 응
고시키는 역할은 생성의 자유가 담당한다.

자유의 발굴과 요청은 고르게 일어나지 않고 비약적으로 표출
된다. 화이트헤드Whitehead는 "새로운 경향은 〔자유〕의 영역 속에 새
로운 소재를 이끌어 들이는 직관의 섬광으로부터 생겨난다. 그러
한 새로운 경향은 〔역동적인〕 사색의 순수한 모험에서 시작한다"[27]
고 말한다. 존재의 자유와 생성의 자유의 '인식론적 단절'[28]은 연속

---

25 앙리 베르그손, 《의식에 직접 주어진 것들에 관한 시론》, 271쪽.

26 데이비드 오렐, 《거의 모든 것의 미래》, 이한음 옮김, 서울: 리더스북, 2010, 83~84쪽;
   David Orell, *Apollo's Arrow: The Science of Prediction and the Future of Everything*, New
   York: Harper Perrenial, 2008.

27 알프레드 노스 화이트헤드, 《관념의 모험》, 오영환 옮김, 서울: 한길사, 2000, 186쪽.

28 '인식론적 단절'은 프랑스 철학자 가스통 바슐라르Gaston Bachelard의 개념이다. 토머
   스 쿤Thomas Kuhn은 '패러다임의 전환paradigm shift'을 1962년 《과학혁명의 구조》에
   서 주장하였지만, 바슐라르는 1938년 《과학적 정신의 형성》에서 이미 과학의 발전이
   인식론적 단절을 통해 일어난다고 밝혔다.

적으로 이루어지는 것이 아니라 비약적으로 일어난다. 창발적 자유는 제도적으로 완결되어 익숙한 자유의 실재로 자리 잡은 존재의 자유와 과감하게 단절하고, 존재의 자유가 쌓아 올린 자유의 범주를 중첩적으로 감싸안으며 새로운 형태의 자유를 직관적으로 포착한다. 존재의 자유가 부동성을 기반으로 제도적으로 완결된 자유를 보장하기를 원한다면, 생성의 자유는 운동성을 기반으로 인간의 새로운 권리를 끊임없이 요청한다. 창발의 자유는 결코 완결될 수 없는 자유의 가치가 존재의 자유에서 생성의 자유로 변환되도록 유도하는 과정에서 촉발되는 순간을 직관적으로 포착하는 행위다. 창발의 자유는 존재의 자유에 대한 비약적인 인식의 변형을 가져오고 생성의 자유로 유도한다. 따라서 창발의 자유는 익숙한 자유의 실재인 존재의 자유와 과감하게 단절하고 낯선 자유의 가능성이라고 할 수 있는 생성의 자유로 전이하도록 자유의 익숙함과 낯설음의 경계를 포착하는 순간, 즉 익숙하지 않지만 어색하지 않은 생경한 자유의 포착이라고 부를 수 있다.

기든스는 '해방정치'와 '생활정치'의 분석 틀을 제시하고 고대적 자유와 근대적 자유의 거시적인 자유 개념을, 개인적 권리를 강조하는 현대적 의미의 미시적인 자유와 대비시킨다. 기든스에 따르면, 해방정치의 영역은 권력과 자원의 차별적 분배와 관련된 전통과 관습의 고정성에서 해방되고, 착취, 불평등, 억압을 축소하거나 제거한다. 해방정치의 역할은 정의, 평등, 참여의 윤리가 제시하는 명령에 복종하는 것이다. 반면에 생활정치는 정치적 결정이 선택의 자유와 변형 능력으로서의 창조적 권력에서 나오고, 지구적 상호의존의 맥락에서 자아실현을 촉진하는 도덕적으로 정당한 생활 형식을 창출한다. 따라서 생활정치가 감당할 일은, 실존적인 문제를 배경으로 '사람은 어떻게 살아야 하는가'라는 쟁점과 관련된 윤리를 탈전통적 질서 속에서 발전시키는 것이다.[29]

기든스는 생활정치의 방식을, 실존적 인간을 표방하는 '개인적인 것이 정치적인 것'이라는 현대적 의미에서 개인이 자아 정체성을 찾아가는 과정으로 파악한다. 그리고 인간 해방에서 자아 성찰로 나아가는 구체적인 예를 여성의 실질적인 권리 보장을 주장했던 1960년대의 페미니즘과 여성운동의 전개에서 찾는다.[30] 기든스의 해방정치는 거시적 측면에서 인간에게 결핍되었던 가장 기본적인 자유의 조건을 완성하도록 제도화된 자유의 범주를 존재의 자유로 확정하기 위한 방법이다. 반면에, 생활정치는 거시적인 담론에 따라 인간 해방을 추구하는 해방정치에서 탈피하고 자아 성찰을 통해 미시적이고 초미시적인 자유의 목록과 항목을 발굴해서 자아실현을 촉진하게 만드는 생성의 자유를 예증한다. 창발의 자유는 개인이 능동적인 자아 성찰을 통해 자신의 정체성을 확인하고 개인적 자유를 확보하도록 도움을 준다. 창발의 자유는 결핍

---

[29] Giddens, *Modernity and Self-Identity*, Oxford: Polity Press, 1991, pp. 214-216.; 앤서니 기든스,《현대성과 자아 정체성》, 권기돈 옮김, 서울: 새물결, 2010, 343쪽.

[30] Giddens, *Modernity and Self-Identity*, pp. 215-217.

되고 불편한 실질적인 권리를 비자유로 인식한 성찰하는 자아가 자아 정체성을 확립하고 새로운 형태의 자유의 목록과 항목을 촉구하는 직관적인 순간의 행위를 의미한다.

기든스는 현대성의 의미 분석에서 자아 정체성을 가장 중요한 요인으로 꼽는다.[31] 키르케고르가 불안을 '자유의 가능성'이라고 묘사한 것처럼, 기든스는 인간이 존재론적으로 안정감을 갖는 것이 "불안(또는 불안의 가능성)이 인간과 대상이 서로 독립적으로 실존하고 있음에 대한 바로 그 '신념'에 있다"고 주장한다.[32] 다시 말해, 존재론적 안정감은 인간이 항상 불안이라는 심리적 감정에서 자유의지를 가진 존재로 거듭나는 것을 의미한다. 자유의지를 가진 인간이 새로운 자유를 요구할 수 있는 가능성을 갖는다는 것은, 결국 인간이 자유를 끊임없이 발견하여 요구하고 그 요구에 대해 무한 책임을 지는 것이다. 그래서 실존하는 인간의 불안은 자유의 또 다른 이름이라고 할 수 있다. 기든스는 자아 정체성이 단순히 개인의 행위 체계의 연속성의 결과로 주어진 것이 아니고, 관행적으로 창조되고 지속되는 것도 아니며, 실존적 인간이 성찰적 활동 속에서 창조하고 지속되도록 만들어 나가는 어떤 것이어야 한다고 본다.[33]

---

[31] 앤서니 기든스,《현대성과 자아 정체성》, 39쪽.

[32] 앤서니 기든스,《현대성과 자아 정체성》, 102~103쪽.

[33] 앤서니 기든스,《현대성과 자아 정체성》, 109쪽.

창발적 자유의 순간이 직관이든 이성적 정신작용이든 간에, 인간의 자아실현과 자유는 밀접하게 연관되어 있다. 레인워터 Rainwater는 자아실현의 방식이 끊임없는 자기관찰에 근거해야 한다고 주장한다. 삶의 매 순간을 하나의 새로운 순간으로 인식하고 성찰하면서 사는 것은 사고, 감정, 신체적 감각에 대한 인식을 고양시키는 것이다. 자기관찰에 근거한 자아실현은 자기 삶의 발전 과정을 체계적으로 성찰하는 것이다. 자기 자신에 대한 인식은 잠재적인 변화를 가져오거나 실질적인 변화를 이끌어 낼 수 있다. 이러한 자아실현을 위한 자기요법은 그 사람 자신이 성찰적일 때에만 성공적이라고 할 수 있다.[34]

레인워터는 자아 정체성을 찾는 자기요법과 자아 성찰의 관계에 대해 몇 가지 중요한 사항을 언급한다. 첫째, 자아는 개인 자신이 스스로 창조하는 것이고 자신에 대해 책임을 지는 성찰적 존재이므로 개인이 어떤 사람이 되는가는 자신을 재구축하려는 노력에 달려 있다. 둘째, 자아의 성찰은 연습된 자기를 관찰하는 기술을 통해 자신이 '변화를 위해 나는 이 순간을 어떻게 이용할 수 있는가?'라는 질문을 던진다. 셋째, 자아 정체성은 자서전을 쓰듯이 자신의 서사를 기록하는 것이다. 넷째, 자아실현은 시간의 통제를 내포하고 개인적 시간을 확보하는 것이다. 그럼으로써 시간과의 대화를 갖는 것이 바로 자아실현의 기초이다. 그래서 "미래는 자

---

[34]   Janette Rainwater, *Self-Therapy*, London: Crucible, 1989, p. 9.

아의 서사를 통합하는 기초인 시간의 통제와 능동적 상호작용이라는 바로 그 역동적인 과정에 의해 질서정연하게 조직되어야 한다."[35] 이러한 자아실현은 기회와 위험 사이의 균형을 유지하는 것이다. 다섯째, 자아실현은 능동적인 자기구축 과정이므로 허위적 자아로부터 벗어나 스스로에게 진실하며 의존에서 자유로운 인간으로서 자기 가치를 고양시키는 것이다. 마지막으로, 자아 발전은 내부준거적이다. 진정한 자아는 개인적 온전함으로서 자신의 신념 체계의 창조에 따라 자기 삶의 역사를 구축하거나 재구축하는데 이는 온전히 개인의 내부로부터 시작된다.[36]

니체는 깨달음에 이르고자 하는 사람의 노력들, 즉 새로운 가치의 제시와 가치 제시의 과정이 매우 힘들다고 고백한다. 그는 자유에 대한 인식론적 전회를 제시하는 일련의 사람들을 존재의 자유에서 생성의 자유를 잇는 '교량'[37] 역할을 담당한다고 표현한다. 그리고 자유에 관한 인식론적 전회를 주창하고, "지금까지 가능하지 않은 것을 청하는" 새로운 시대의 가능성을 위한 위대한 희망과 목표를 향해 달려갈 것을 요청한다.[38] 니체의 '새로운 가치 창조'를 위한 자유의 쟁취와 '새로운 가치를 위한 권리의 쟁취'는 기존의 자유

---

35 앤서니 기든스,《현대성과 자아 정체성》, 146쪽.

36 앤서니 기든스,《현대성과 자아 정체성》, 143~150쪽.

37 니체,《짜라투스트라는 이렇게 말했다》, 정동호 옮김, 서울: 책세상, 2016, 20~21쪽.

38 니체,《짜라투스트라는 이렇게 말했다》, 35쪽.

에 대한 자유로운 도전과 새로운 자유의 도입을 의미한다.[39] 이는 비자유를 자각한 개인이 자유에 대해 문제의식을 갖고 자기 의지를 표현함으로서 새로운 세계의 자유를 경험하는 것이다. 니체는 기존의 존재의 자유가 규정하는 기본적인 자유의 범위를 뛰어넘어 새로운 형태의 생성의 자유를 깨닫는 창발하는 자유의 순간을 이렇게 표현한다. "이제 나 가볍다. 이제 나 날고 있으며, 이제 나 자신을 내려다보고 있다. 이제야 어떤 신이 내 안에서 춤을 추고 있구나."[40] 자유의 창발은 기존의 자유의 범주를 넘어 새로운 자유의 기준을 제시하는 '창조자의 길'을 걷는 것과 같다. 니체는 새롭게 창발하는 자유를 제시하는 사람이 자유를 도출하는 순간을 다음과 같이 묘사한다.

너는 새로운 힘이자 새로운 권리인가? 최초의 운동인가? 제 힘으로 돌아가는 바퀴인가? 너 별들 또한 강요하여 네 주의를 돌도록 만들 수 있는가? … 너 네가 자유롭다고 말하는가? 내가 듣고 싶은 것은 네가 네게 지워진 멍에에서 벗어나 있다는 것이 아니라, 너를 지배하고 있는 생각이 무엇인가 하는 것이다.[41] … 무엇으로부터의 자유지? … 무엇을 향한 자유지?… 너는 너 자신에게 너의 악과 너의

---

[39] 니체,《짜라투스트라는 이렇게 말했다》, 40쪽.

[40] 니체,《짜라투스트라는 이렇게 말했다》, 65쪽.

[41] 기울여 쓰기는 필자의 강조이다.

선을 부여하고 너의 의지를 법이라도 되듯 네 위에 걸어 둘 수 있느냐? … 고독한 자여, 너 너 자신에 이르는 길을 가고 있구나! … 너는 너 자신의 불길로 너 자신을 태워 버릴 각오를 해야 하리라. … 고독한 자여, 너는 창조하는 자의 길을 가고 있다. … 창조와 더불어 고독 속으로 물러서라. 그리고 나서야 비로소 정의가 절뚝거리며 네 뒤를 따를 터이니 … 〔너〕 자신을 뛰어넘어 창조하려 하며 그리하여 파멸의 길을 가는 자를 사랑하노라.[42]

자유는 원래 실체가 없는 개념이다. 자연과 환경은 인간의 행위를 끊임없이 제약하고, 인간은 시간과 공간의 제약을 받는 존재이기 때문에 완전한 자유를 누리기가 쉽지 않다. 하지만 인간의 정신만큼은 완전히 자유로울 수 있다.[43] 자유는 끊임없이 창발적으로 촉발되는 속성을 갖고 있기 때문에 없는 것 같지만 있고, 있으면서도 없는 것 같다. 현재의 자유는 전유된 과거의 자유에 새로운 자유를 얹어 미래의 자유를 유도한다. 자유는 막연하지만 끊임없이 이어지는 개념의 변전을 거치면서 지속적으로 그 개념의 실체를 찾고자 하는 인간의 욕구와 욕망을 부추긴다. 만약 자유가 완벽하게 도달할 수 있는 완결된 개념이라면 변형된 새로운 형태의 자

---

[42] 니체, 〈창조하는 자의 길에 대하여〉, 《짜라투스트라는 이렇게 말했다》, 정동호 옮김, 서울: 책세상, 2016, 103~107쪽.

[43] 벌린, 《낭만주의의 뿌리》, 강유원 · 나현영 옮김, 서울: 이제이북스, 2005, 147쪽.

유의 요구와 요청은 더 이상 불필요하다. 창발의 자유는 당연하다고 여기는 자유에 질문을 던지는 계기를 마련하고 습관적인 사고의 변전을 일궈 낸다. 창발의 자유는 상식이라는 이름으로 마치 완결된 것처럼, 엄밀하게 말하자면 잠정적인 것이지만, 정당화된 자유의 형태에서 탈피하고 새로운 자유의 목록과 항목을 찾기 위해 번뜩이는 찰나의 순간을 포착하는 행위다.

창발하는 자유로 촉발된 생성의 자유의 목록들은 결코 중단 없는 인간의 욕구와 이성의 요청에 끊임없이 부응하게 만든다. 화이트헤드는 이러한 창발하는 자유의 속성을 "결실이 풍부한 새로운 이해로의 이행은 상상력을 북돋우는 가장 심오한 직관으로 되돌아감으로써 달성된다. 최종적으로—최종이란 없는 것이지만—달성되는 것은 더 큰 기회를 낳게 하는 관점의 넓이"[44]라고 주장한다. 지금 인간이 찾고자 하는 자유는 더 이상 수동적이거나 소극적인 자유가 아니다. 진정한 자유를 찾는 길은 새로운 자유의 시각을 제시함으로써 가상의 실재에 권위를 부여했던 지배담론이 자유를 규제하기 위해 설정해 놓은 허구적인 자유의 올가미에서 탈출하는 것이다. 인간이 존재하는 목적은 끊임없이 자유를 갈망하고 요청하기 위해서다. 자유를 망각하는 것은 살아 있다는 사실을 망각하는 것과 같다. 그리고 자유를 망각하는 순간, 자유는 박탈되어 비자유로 박제된다. 따라서 결핍된 자유의 불편함에서 벗어나기

---

44 알프레드 노스 화이트헤드, 《관념의 모험》, 258쪽.

위해서는 끊임없이 창발하는 자유의 순간을 새로운 자유의 목록list과 항목item으로 당당하게 요구해야만 한다. 자유의 본질적인 속성은 인간이 처한 상황에서 자유가 부족하면 부족할수록, 자유가 없으면 없을수록, 그리고 자유가 없다고 느끼는 순간 새로운 자유의 의미를 내포한 자유 개념은 창발한다.

5. 자유의 범주, 목록, 항목

존재의 자유는 동일성에 주목하고 고정된 하나의 가치로서 보편적인 속성을 갖는다. 존재의 자유는 부동성을 기반으로 기존의 체계를 고집하고 닫힌 공간에 안주하려고 하며 제도적으로 고착된 자유에 만족한다. 반면 생성의 자유는 차이성에 주목하고 자유 개념이 확장되는 현상의 인과성을 상대주의적인 속성으로 파악한다. 생성의 자유는 개방적이고 역동적이고 운동성의 경향을 띠고 직관적으로 새롭게 자각한 개인적 권리를 자유로 바꾸어 지속적으로 새로운 자유의 의미를 창출한다. 존재의 자유는 자유의 범주로 규준화되어 특정한 시공간에서 잠정적인 자유의 질서로 안착되고, 생성의 자유는 존재의 자유가 놓친 틈을 비집고 들어가 새로운 자유의 목록과 항목을 보강한다. 따라서 존재의 자유는 익숙한 자유의 실재이고 생성의 자유는 낯선 자유의 가능성이다. 창발의 자유는 우연한 순간에 퍼뜩 찾아낸 자유의 목록과 항목을 필연적인 규준으로 탈바꿈하도록 자극한다. 창발의 자유는 존재의 자유에서 생성의 자유로 전이하도록 익숙한 자유의 실재를 낯선 자유의 가능성으로 승화시켜 이어 주는 디딤돌 역할을 수행한다. 존재의 자유는 고착된 자유의 범주를 견지하는 고체 상태처럼, 생성의 자유는 지속적으로 자유의 목록과 항목을 타진하고 자유의 범주처럼 고체 상태로 변신하기 전의 액체 상태처럼, 창발의 자유는 자유의 목록과 항목을 발견하고 고체가 승화하는 기체 상태처럼 존재한다. 따라서 익숙한 자유의 실재인 존재의 자유에 안착하는 사람보다 생경한 자유를 포착하는 창발의 자유와 낯선 자유의 가능성인 생성의 자유를 요청하는 사람이 더 깊고 넓은 자유를 누릴 수 있는 조건을 갖추고 있다.

자유의 요구는 자유 개념에 대한 인식론적 단절을 통해 언제나 고르게 일어나지 않고 창발적으로 생긴다. 인식론적 단절은 연속적으로 이루어지는 것이 아니라 비약적으로 일어난다. 생성의 자유는 존재의 자유를 부인하면서 과거의 자유와 단절하고 절연하며 드러난다. 생성의 자유는 존재의 자유가 쌓아 올린 인간의 구체적인 권리를 중첩적으로 감싸안으며 새로운 형태의 자유를 요구한다. 창발의 자유로 발현하는 새로운 자유의 목록과 항목은 자유에 관한 인식 틀의 비약적인 변형을 가져오고, 비록 더디지만 시간이 지나면서 사람들의 마음속을 파고든다. 그렇게 자유는 결코 완결될 수 없고 끊임없이 찾는 것이다. 다른 모든 것처럼 자유도 성찰하고 성장한다.

자유의 대표적인 범주는 정치적 자유, 경제적 자유, 사회적 자유, 문화적 자유 등이다. 자유의 범주는 자유의 최상위 개념으로서 자유의 형식적이고 실체적인 자리를 확정하는 제도화된 자유의 형태이다. 존재의 자유는 이러한 자유 범주의 유형을 띠고 마치 화석화된 실재처럼 기능한다. 자유의 목록에는 사상의 자유, 양심의 자유, 신체의 자유, 거주의 자유, 표현의 자유, 집회의 자유, 결사의 자유, 종교의 자유 등이 있다. 이러한 자유의 목록들은 자유의 범주를 한층 더 구체화한 미시적인 권리들이다. 창발의 자유는 자유의 결핍과 비자유의 불편함을 체험하는 자유의 범주와 목록을 더 세분화하여 자유의 범주와 자유의 목록에 포함되지 않은 실질적이고 초미시적인 자유의 항목을 도출한다. (218쪽 **[표 4] 자유의 범주, 목록, 항목** 예시 참조)

개인적 자유의 세 가지 유형인 생각의 자유, 의지의 자유, 행위의 자유는 기본적으로 자유의 범주, 자유의 목록, 자유의 항목을 판단하는 데에 도움을 준다. 인간의 본능을 대표하는 ① 감성과 ② 이성, 지배담론을 대표하는 ③ 신화, ④ 철학, ⑤ 종교, ⑥ 과학, 그리고 문화적 가치 영역을 대표하는 ⑦ 객관적 영역, ⑧ 주관적 영역, ⑨ 규범적 영역은 인간이 개인적 자유의 의미를 규정하도록 도움을 주는 척도 요소들이다. 이러한 척도 요소들은 각 개인이 자신의 개인적 자유의 넓이와 깊이를 평가하거나 측정하는 기준을 제시한다. 그리고 이 요소들은 각 개인마다 중요하게 생각하는 상이한 개인적 가치를 개인적 권리로 맞바꾸어 자유의 결핍과 비자유의 불편함에서 벗어나도록 새로운 자유의 구체적인 목록과 세부적인 항목의 보장을 요구하고 자유의 개념을 확장한다. 예를 들면, 성소수자의 권리를 찬성하는 사람들은 감성보다는 ② 이성이라는 본성을 갖고 있을 것이고, 식물을 제외하고 모든 동물이 비록 매우 적은 수이지만 성소수자가 존재한다는 과학적인 사실에 근거하여 ⑥ 과학이라는 지배담론의 영향을 받았을 것이고, ⑦ 객관적 영역의 중요함을 강조하며 그들을 관대하게 대할 것이다. 반면 성소수자의 권리를 반대하는 사람들은 ① 감성에 호소할 것이고, ⑤ 종교라는 지배담론이 강조하는 근본주의의 영향을 받을 것이며, 성소수자 문제에 관한 왜곡된 형태의 ⑨ 규범적 영역의 판단 근거에 따라 그들의 권리가 배제되어야 한다고 주장할 것이다.

다른 예로 정치적 자유를 생각해 보면, 개인의 권리를 강조하는 관점과 공동체(사회)의 의무를 강조하는 견해, 그리고 정치적 이데올로기에 따른 진보와 보수라는 관점의 차이가 정치적 자유의 의미를 규정하는 척도 요소를 구성한다. 따라서 정치적 자유의 의미는 개인적 자유의 의미를 규정하는 아홉 가지 요소, 즉 ① 감성, ② 이성, ③ 신화, ④ 철학, ⑤ 종교, ⑥ 과학, ⑦ 객관적 영역, ⑧ 주관적 영역, ⑨ 규범적 영역에 ⑩ 개인, ⑪ 사회, ⑫ 진보, ⑬ 보수라는 척도 요소를 더해 정치적 자유의 척도를 측정하는 기준을 제시한다. 자유를 가늠하는 척도 요소들 중에서 개인마다 각각 다르게 체험하는 경험적 지식과 선험적 직관에 따라 자신에게 필요한 자유의 척도 요소를 새롭게 조합해서 주장하는 것이다. 그리고 새롭게 창발한 자유의 목록과 항목에 대해 다른 사람들이 공감하고 사회적인 합의를 통해 제도적으로 인정을 받으면 새로운 자유의 목록과 항목으로 등재된다. 마치 자유의 척도 요소들을 하나의 바구니에 담아두고 자유의 척도 요소라는 구슬들을 실에 꿰어 새로운 자유의 목걸이를 만들어 나가듯, 모든 개인이 자기만의 자유의 범주와 목록과 항목을 끊임없이 만들어 내는 것이다. 개인적 자유의 척도 요소와 정치적 자유의 척도 요소를 그림으로 표현하면 [그림 1]과 같다.

사람은 새로운 낯설음에서 느끼는 어색함과 두려움은 피하고 익숙함에서 느끼는 안락함에 안주하려는 존재다. 어색함을 무릅쓰고 두려움을 선택하는 것은 더 나은 새로운 삶을 향한 치열한 도전이다. 생성의 자유는 이 새로운 자유를 찾기 위한 동기를 부여한

[그림 1] 개인적 자유, 정치적 자유의 척도 요소와 새로운 자유의 포착

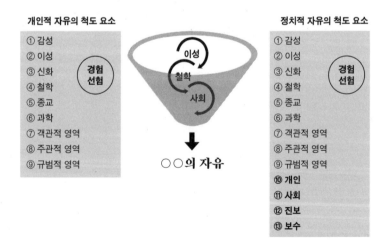

다. 벌린은 "새로운 모델이 나타나면 종전에 어둠 속에 남아 있던 부분에 빛을 뿌리고, 족쇄처럼 사유를 제약하던 과거의 인식 틀에서 사람을 해방하며, 그에 따라 과거의 틀은 완전히 폐기되든지 아니면 새로운 패턴에 절반쯤은 융합된다"고 말한다.[45] 새로운 자유에 대한 요구가 나타나서 이전에 없었던 권리를 요청하면, 인간은 비로소 기존에는 몰랐던 구속과 속박에서 벗어난다. 인간은 구체적 사건으로 개인의 자유가 제어될 때 구체적 사안의 비자유에서 탈피할 수 있는 자유의 항목을 고심하고 갈망하며 요구하게 된다. 생성의 자유는 이성의 가능성을 믿고 구체적인 사안과 연관된 자유가 충족될 때까지 끊임없이 자유를 추구하는 행위다. 이렇게 자유는 외부에서 자유를 규제하는 속박과 구속에서 벗어나 개인 권리의 내적 결핍을 채워 가는 것으로 점차 확장된다. 이 과정에서 인간이 내적 권리의 결핍을 느끼는 대상도 확대된다. 오염되지 않은 환경과 자연을 누릴 권리, 반려동물의 권리, 생의 마지막에 죽음을 선택할 권리, 나중에는 인공지능과 기계인간의 권리까지 이 대상에 포함될 것이다. 이렇듯 자유는 자유를 누릴 수 있는 대상을 확대하거나 아직 발견되지 않은 인간의 권리를 자유로 치환하여 인간의 권리와 관계로 연결된 권리 영역을 확장하고 보장하려 한다. 자유를 통해 자신의 정체성을 끊임없이 확인하고 싶어 하는 인

---

45 벌린, 〈그리스 개인주의의 탄생〉, 《이사야 벌린의 자유론》, 박동천 옮김, 서울: 아카넷, 2014, 540쪽.

간의 속성상, 자유의 결핍과 비자유의 불편함을 자각한 인간은 그 결핍과 비자유를 해소할 자유를 끊임없이 생성해 내기 때문이다.

인간이 진정한 자유를 찾고 완결하는 유일한 방법은, 자신만의 권리를 깨닫고 찾아내어 [그림 1]처럼 새로운 ○○의 자유 목록과 항목을 끊임없이 확장하고 증대시키는 것이다. "사람은 자유롭게 태어났지만 사슬에 묶여 있다"는 루소의 말은 미처 자각하지 못했기 때문에 발굴해 내지 못한 미완의 자유가 항상 사람과 함께한다는 의미일 것이다. 미완의 자유를 찾아 끊임없이 자유에 대해 생각하고 의지를 세우고 행위하는 것이 우리의 나아갈 길인 것이다. 사람은 심리적 두려움과 정신적 나약함에서 벗어날 때 진정으로 자유로워진다. 자유의 결핍과 비자유의 불편함은 사람으로 하여금 새로운 자유를 갈망하게 만들고, 우연하게 솟구치는 새로운 의미의 자유가 지속적으로 창발한다. 자유의 범주와 목록 및 항목의 예시를 정리하면 [표 4]와 같다.

[표 4] 자유의 범주, 목록, 항목 예시

가치	범주(거시적)	목록(미시적)	항목(초미시적)
정치	정치적 자유	• 참정권 • 피선거권 • 사상의 자유 • 집회의 자유 • 결사의 자유 • 언론의 자유 • 출판의 자유 • 표현의 자유	• 정치적 평등의 자유 • 보통선거권(선거 나이 제한) • 공정한 재판을 받을 자유 • 불복종의 자유 • 신체의 자유(체포와 구금으로부터의 자유) • 망명의 자유

경제	경제적 자유	• 사유재산 소유의 자유 • 사유재산 보장의 자유 • 계약 작성의 자유 • 자유시장 보호의 자유 • 기업활동의 자유 • 자유무역의 자유 • 경제적 빈곤에서 탈피할 자유 • 경제복지의 자유	• 직업 선택의 자유(성별, 인종, 계층, 나이와 상관없이 직업을 선택할 자유) • 노동조합 결성의 자유 • 취업 보장의 자유 • 정기적인 유급휴가의 자유 • 동일노동·동일임금의 자유 • 비도덕적이고 무책임한 기업에 대한 소비자 보호의 자유 • 주 4일 근무제의 자유 • 주 30시간 노동의 자유[46]
사회	사회적 자유	• 복지 증진의 자유 • 사회보장제도의 자유 • 보편적 교육의 자유 • 공직 선택의 자유 • 사회적 안전의 자유 • 양심의 자유 • 거주·이전의 자유 • 정보 공개의 자유 • 문명화된 삶을 살 자유	• 의료서비스 요청의 자유 • 의료보험 수가 조정의 자유 • 복지 수급제도 조정의 자유 • 노동자 유급휴가의 자유 • 휴식과 여가의 자유 • 공교육 확대의 자유 • 학문의 자유 • 양심적 군대 거부의 자유 • 육아휴직의 자유 • 육아휴직 기간 동안 급여를 받을 자유 • 무료 진료의 자유 • 쾌적한 작업환경 보장의 자유 • 정보 접근의 자유 • 인터넷 접속의 자유 • 무료 인터넷 사용의 자유
문화	문화적 자유	• 사상의 자유 • 표현의 자유 • 종교의 자유	• 종교를 강요하지 않을 자유 • 종교 내에서 차별 금지 요청의 자유 • 성소수자 인권 보호의 자유 • 결혼의 자유(성소수자 포함) • 성정체성 선택의 자유 • 여성의 자기결정권의 자유 • 사생활의 자유 • 개인정보보호의 자유 • 반려동물 생활권 보장의 자유

46　토머스 모어Thomas More는 1516년에 쓴 책《유토피아》에서 주 30시간 노동을 주장했다.

자유의 목록과 항목을 구체적이고 세부적으로 제시한 예시는
다음과 같다.

[예시 1] 스벤젠Svendsen의 자유의 목록

스벤젠은 모든 사회에서 자율적인 역량을 가진 사람들이 누려야 하
는 기본적인 자유의 목록을 다음과 제시한다.

① 안전에 대한 권리. 이는 주로 다른 사람에게 피해를 입지 않을
   권리 그리고 그에 따라 살해, 학대, 성폭행, 고문 등을 당하지 않
   을 권리. 또한, 법적으로 인정받지 않은 구속이나 감금을 당하
   지 않고, 신체적 · 심리적 강압에 의해 자신의 의지와는 반대로
   행동하지 않을 수 있는 권리.

② 권리의 주체로 인정받고, 법률 앞에서 평등하게 대우받으며, 법
   률에 의해 보호받는 것은 물론이고 임의적인 투옥이나 체포 또
   는 추방을 당하지 않을 권리.

③ 사생활과 개인정보를 보호받을 권리.

④ 표현의 자유에 대한 권리. 여기에는 언론의 자유도 포함.

⑤ 생각의 자유 그리고 종교의 자유에 대한 권리.

⑥ 재산을 소유하고 그 재산에 대한 임의적인 압류(또는 의도적인
   파괴)로부터 보호받을 권리.

⑦ 민주적 참여의 권리. 직접적이든 선출된 대표를 통해서든 국가
   의 통치에 참여할 수 있는 권리.

⑧ 조직과 집회의 자유에 대한 권리.

⑨ 교육 및 인지적·감정적 능력을 계발할 기회에 대한 권리.

⑩ 충분한 영양 섭취와 안전한 장소 그리고 건강에 대한 권리.

⑪ 무엇이 삶의 의미와 가치를 가져다줄지를 개인적인 차원에서 결정하고, 그 결정을 개입주의적인 간섭에 방해받지 않고 실행으로 옮길 수 있는 권리.[47]

[예시 2] 레이코프Lakoff의 자유의 목록과 항목

레이코프는 자유의 목록과 항목이 중첩되어 일관성 있게 신장된 예를 다음과 같이 든다.

① 국민 참여를 늘리고, 재산을 소유한 백인 남성에게 비자산가, 노예였던 사람, 여성, 편견으로 소외받았던 사람, 젊은 유권자에게로 투표권을 확대했다.

② 다양한 기회와 좋은 직업, 쾌적한 작업환경, 복지 혜택 등이 남성에서 여성에게로, 백인에게서 유색인에게로, 본토 출신 미국인에서 해외에서 이주한 미국인에게로, 그리고 영어를 사용하는 미국인에게서 다른 언어를 사용하는 미국인에게로 확대됨으로써 점점 더 많은 이들이 자유를 누리게 되었다.

③ 노동조합 활동으로 노동자 권리가 확대되어, 비인간적인 작업환경에서 일하지 않을 자유를 누리게 되었다. 구체적으로

---

47 스벤젠,《자유를 말하다: 무엇이 나를 인간답게 만드는가》, 박세연 옮김, 서울: 엘도라도, 2015, 253~254쪽.

살펴보면, 노동자들은 노예노동에서 벗어나 주 5일 근무, 하루 8시간 노동, 직장 상해보험, 병가, 초과근무수당, 유급휴가, 임신휴가 등의 혜택을 누리게 되었다.

④ 초등학교에서 고등학교, 대학, 대학원에 이르기까지 공교육이 확대되었다.

⑤ 과학의 발전으로 지식이 벤저민 프랭클린과 같은 뛰어난 인물로부터 유명 대학의 과학 연구기관으로, 그리고 국립과학재단NSF이나 국립보건원NIH과 같은 정부 연구기관으로 확산되었다.

⑥ 공공보건이 강화되고, 기대수명이 늘어났다.

⑦ 비도덕적 기업이나 무책임한 기업에 대한 정부의 효과적인 규제와 사회정의 체제 내의 집단소송 덕분에 소비자 보호가 강화되었다.

⑧ 소규모 신문에서 오늘날의 방대한 미디어인터넷 회사로, 미디어가 다양해지고 언론 자유가 확대되었다.

⑨ 자본을 이용할 수 있는 권리가 부유한 지주와 은행가에게서 보통 사람에게로 확대되어, 오늘날 더 많은 이들이 다양한 방식으로 돈을 빌릴 수 있게 되었다.

⑩ 식민 지배로부터의 해방이 전 세계적으로 확대되었다. 이는 대부분 미국 외교정책의 지원 덕분이다.[48]

---

[48] 레이코프,《자유전쟁: 자유 개념을 두고 벌어지는 진보와 보수의 대격돌》, 나익주 옮김,

[예시 3] 누스바움^{Nussbaum}의 자유의 항목

누스바움이 작성한 구체적인 자유의 역량 항목도 있다. 마사 누스바움은 자유의 역량을 증진하는 자유의 항목들을 개인의 자유롭고 가치 있는 삶을 위해 반드시 충족되어야 하는 최소한의 기준으로 파악한다. 그녀가 제시한 기본적인 인간 역량 항목은 다음과 같다.[49]

① 평균수명: 인간적인 삶을 평균수명만큼 살아갈 수 있을 것. 일찍 또는 삶의 가치가 사라지기 전에 죽지 않을 것.

② 육체적 건강: 생식적인 건강을 포함해 양호한 건강 상태를 유지할 것. 충분한 영양 섭취를 하고 편안한 주거 공간에서 생활할 것.

③ 육체적 온전함: 자유롭게 이동할 수 있고 성폭력 및 가정폭력 등의 공격에 저항할 수 있을 것. 성적 만족감을 누리면서 자녀 계획을 세울 수 있을 것.

④ 감각과 상상 그리고 사고: 감각을 이용하고 상상하며 추론할 수 있을 것. 이런 일들을 진정으로 인간적인 방식으로, 언어 능력 및 기본적인 수학적·과학적 훈련을 포함한 충분한 교육을 통해 지식을 얻고 계속 발전해 나가는 형태로, 결코 제한적이지 않은 방식으로 수행할 수 있을 것. 체험, 노동, 종

서울: 프레시안북, 2009, 8-9쪽.

[49] 스벤젠, 《자유를 말하다: 무엇이 나를 인간답게 만드는가》, 218~219쪽.

교, 문학, 음악 등 스스로 선택한 다양한 경험 속에서 상상하고 생각할 수 있을 것. 정치적·예술적·종교적 표현의 자유를 바탕으로 자신의 입장을 드러낼 수 있을 것. 즐거운 경험을 하고 아무 의미 없는 고통을 피할 수 있을 것.

⑤ 감정: 자기 자신은 물론이고 다른 사람과 사물에 애착을 갖고, 자신을 사랑하고 돌봐 주는 이들을 사랑하며, 그들이 세상을 떠나는 것에 슬퍼할 것. 사랑, 슬픔, 그리움, 고마움, 정당한 분노를 표출할 수 있을 것. 공포와 두려움이 감정 발달을 저해하지 않도록 할 것(이런 역량을 강화한다는 것은 인간 발달에 매우 중요한 요소로 밝혀진 인간관계를 강화한다는 뜻).

⑥ 실천 이성: 선에 대한 개념을 이해하고 삶을 계획하는 과정에서 진지하게 숙고할 것(이는 양심의 자유와 종교적 준수에 대한 보장을 포함).

⑦ 소속감: a. 타인에게 다가가고 함께 어울려 살아가며, 타인에 대한 나의 관심을 인식해 이를 드러내고, 다양한 형태의 사회적 관계를 맺어 다른 사람들의 상황을 이해할 수 있을 것. b. 자존감을 지키고 굴욕을 당하지 않는 사회적 기반을 확보할 것. 타인과 동등한 가치를 지닌 존엄한 존재로 대우 받을 수 있을 것(이는 인종, 성, 성적 취향, 민족, 계급, 종교, 국적 등을 기준으로 차별을 받지 않는다는 것을 포함).

⑧ 다른 종과의 관계: 동물과 식물, 자연에 대한 관심과 관계 속에서 살아갈 것.

⑨ 놀이: 웃고, 놀고, 여가 활동을 즐길 수 있을 것.

⑩ 주변 환경에 대한 통제력: a. 정치적 통제력. 개인의 삶에 지대한 영향을 미치는 정치적 선택에 참여할 수 있을 것. 정치적 참여를 위한 권리를 확보하고, 표현과 집회의 자유를 보호받을 것. b. 물질적 통제력. 재산(부동산 및 동산)을 소유하고, 타인과 동등한 입장에서 재산권을 유지하며, 다른 사람들과 평등하게 고용의 기회를 모색할 수 있는 권리를 누리고, 임의적인 수색과 체포에서 자유로울 것. 직장에서 한 사람의 인간으로서 일하고, 실천 이성에 따라 행동하며, 동료들과 서로 인정하는 의미 있는 관계를 발전시킬 수 있을 것.[50]

---

[50] Martha Nussbaum, *Women and Human Development: The Capabilities Approach*, 2000, Cambridge: Cambridge University Press, 78-79.

8장

결론: 자유의 과거, 현재, 미래

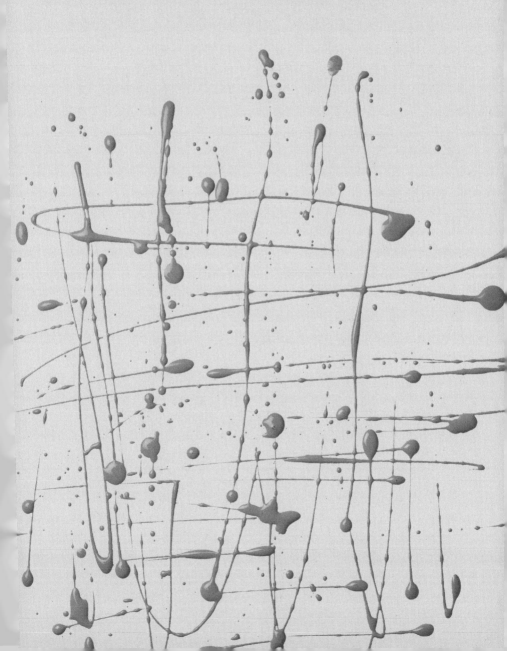

언제부터인지는 알 수 없지만, 노예의 자식은 노예로 신분이 대물림되었다. 노예는 자신의 삶을 위해서가 아니라 다른 누군가를 위해 평생 고단하게 일해야만 하는 존재였다. 뿐만 아니라, 노예는 사고파는 물건처럼 여겨졌다. 모든 권리와 생산수단을 빼앗기고 물건처럼 거래된 노예들에게 기본적 권리와 존엄은 있을 수 없었다. 노예제는 세계 역사 곳곳에 존재한 보편적인 현상이었다. 노예가 형식적으로 존엄한 인간으로서의 권리를 갖게 된 것은 19세기 말에 들어서다. 그러나 존엄한 인간의 척도가 피부색에 따라 다르게 적용되는 곳이 여전히 존재한다.

사람들이 자유를 획득하기 위해 목숨까지 걸고 처절한 시련에 부딪혀 온 역사는 존엄한 인간으로 거듭나려는 사람들의 눈물겨운 투쟁을 기록하고 있다. 권리의 주장은 존엄한 인간으로서 인정받지 못하고 있다는 사실을 자각하는 것이고, 이는 곧 자유의 결핍을 의미한다. 존엄한 권리를 확보하려는 싸움은 결국 사람다운 삶을 살기 위한 최소한의 조건이자 가장 고귀한 가치인 자유를 향한 몸부림이었다.

사람이 끊임없이 자유를 바라는 이유는 결핍 때문이다. 결핍은 마땅히 있어야 할 것이 없거나 모자라는 경우 또는 필요한 욕구가 기준에 미치지 못했을 때 느끼는 감정이다. 결핍은 속박, 구속, 제약, 억압, 강제, 간섭, 차별 때문에 권리가 박탈되었다고 느끼게 만들고, 자신이 꼭 누려야 한다고 생각하는 충족되지 않은 권리를 요청하도록 유도한다. 결핍은 사람이 가장 절실하게 필요하다고 생

각하는 욕구와 가치를 성취하기 위해 자유를 적극적으로 요구하
도록 그 근거를 제공한다. 자유를 바라는 또 다른 이유는 불편함
때문이다. 불편함은 결핍 욕구와 함께 새로운 자유를 찾으려는 인
간의 충동을 자극한다. 불편함은 그 대상이 사람이든 물질이든 간
에 간섭과 제약 때문에 침해된 권리를 깨닫게 하고, 외부적 간섭과
제약으로 훼손된 심리적 보상을 요구한다. 그리고 박탈감 없는 마
음의 평온함을 되찾기 위해 해당 권리를 보편타당한 자유의 범주
로 완결하도록 요청한다.

결핍과 불편함은 자유를 찾게 만드는 계기를 제공한다. 속박이
나 구속, 제약이나 억압을 받는다고 느끼는 사람은 곧 정신적이든
물질적이든 자신이 욕구하는 어떤 대상이 자신에게 부족하다는
사실을 깨닫게 된다. 그 대상은, 그것이 사람이든 물질이든지 간
에 마음의 불편함을 인식하게 한다. 부족함은 자유의 결핍을 자각
하는 것이고, 불편함은 비자유의 상태를 경험하는 것이다. 자유의
결핍과 비자유의 불편함은 한 개인이 특정한 시공간에서 사람으
로서 당연히 가져야 할 권리의 범주를 다시 훑어보게 하고, 자신이
처한 자유의 상태를 점검하여 그 결핍과 비자유의 대상을 보편적
인 자유의 범주로 규정하도록 유도한다. 이처럼 사람은 자신이 추
구하는 상이한 자유의 가치를 상정하고, 자유의 결핍과 비자유의
불편함에서 탈피하고자 노력하는 존재다.

사람마다 자유에 대한 규정은 제각각이고, 가장 중요하다고 생
각하는 자유의 내용과 영역도 다르다. 사람은 자신이 처한 상황에

서 가장 중요하게 여기는 가치에 따라 자유의 의미를 부여하기 때문이다. 자유는 오직 하나뿐인 가치의 영역에 속하지 않고, 개인마다 중요하다고 생각하는 상이한 가치의 영역을 권리와 결부시키기 때문에 다의적이다. 그래서 자유는 좀처럼 그 실체를 하나의 개념으로 규정하기 어렵다.

생각의 자유, 의지의 자유, 행위의 자유는 상이한 가치의 영역에 상응하는 자유가 범주화되도록 직접적인 동기를 촉발하고 강화하는 이행 과정을 통해 특정한 사회에서 구성원들이 합의하여 제도화된 자유의 범주를 확정하게 만든다. 물론 자유의 범주가 제도적으로 안착되기까지는 힘겨운 과정을 거쳐야 한다. 우리가 지금 당연하다고 확정한 자유의 범주들은 자유의 결핍과 비자유의 불편함을 겪으며 자유를 간절히 원했던 수많은 사람들의 눈물겨운 희생의 대가이다. 한 사회의 문명 수준은 그 사회에서 용인되는 자유의 척도에 비례한다. 특정한 사회에서 제도적으로 안착되어 인간의 자유를 규정하는 법률은 수많은 사람들이 뺏고 뺏기는 권력투쟁 과정을 거쳐 합의된 결과물이다. 이러한 과정을 통해 제도화된 자유의 범주는 인간의 자유를 규정하는 보편적 규준이 되어 고정된 시간과 공간에서 영향력을 발휘한다. 이렇게 보편성을 획득한 범주화된 자유의 규준인 존재의 자유는 특정한 사회에서 모든 구성원들이 필수불가결한 권리라는 데에 동의하고 인정하는 제도화된 자유의 형태이다. 제도적으로 고착된 존재의 자유는 특정한 사회를 구성하는 사람들이 서로 공유하는 확고한 관념으로 정착되어 객관적 자유로 인정된다. 개인의 주관적인 권리의 자각이 특정한 사회에서 객관적 자유로 용인되고 다른 사회에서도 동일하게 타당한 자유로 인정받으면, 인권의 경우처럼 더 고양된 형태인 규범적인 특성을 내포하게 되어 마침내 보편적 자유로서 효력을 발휘하게 된다.

사람은 원래 안정을 추구하기 때문에 변화에 주저하고 도전 앞에서 머뭇거린다. 사람은 익숙함과 낯설음 사이에서 익숙함이라는 안정을 추구하는 존재로서, 새로운 변화에 적응하기 위해 기존의 생활 습관과 사고를 바꿔야 하는 경우에 거북함을 느끼거나 그것을 힘들어한다. 따라서 변화를 두려워하고 편안함을 추구하는 존재인 인간은 새로운 형태의 자유가 출현하는 것을 경계한다. 사람의 안정 욕구는 익숙하고 동일한 형태의 자유에 안주하고 싶어하고, 예기치 않은 낯선 자유의 출현을 배격한다. 인간은 본능적으로 낯설음을 감당하기 힘들어하는 존재다. 제도적으로 완결된 자유의 범주인 존재의 자유에 집착하는 이유도 변화를 두려워하는 인간의 본성과 맞물려 있다. 낯설음이 불러일으키는 당혹감은 새로운 자유의 범주와 목록, 항목의 출현을 거부한다. 낯설음에 대한 불안과 염려는 심지어 공포까지 느끼게 만들고, 존재의 자유로 고착된 자유의 범주가 확충되어 새롭고 생소한 형태의 자유의 목록과 항목이 등장하는 것을 경계하게 한다. 인간은 불안과 염려 또는 공포에서 자신을 보호하기 위해 낯선 자유를 경계하고, 제도화된 존재의 자유라는 요새에 자신을 가두고 절대불변의 진리처럼 믿고 싶어 한다.

고착된 형태의 자유를 지키려는 속성을 가진 존재의 자유는 제
도화되어 익숙한 자유만을 고수한다. 그렇게 나름대로 정당성을
확보한 존재의 자유는 사람들에게 책임과 의무를 부과하고 기존
의 자유를 지키는 역할을 담당한다. '지금-여기'라는 시공간에서
사람들이 동일하게 공유하는 제도적으로 고착된 익숙한 자유만으
로 충분하다고 여기는 것이다. 존재의 자유는 동일성을 토대로 완
결된 자유를 전제하고, 응고된 시공간에서 고착된 형태로 자유의
필연성을 강조한다. 인간 존재는 불확실하고 모호하게 지속하는
낯선 시간에 삶을 맡기기보다 확실하고 고착된 익숙한 공간의 명
확함과 안락함을 선호하기 때문이다.

생성의 자유는 우연한 직관을 통해 새롭게 자각한 자유의 결핍
과 비자유의 불편함과 낯설음의 당혹감을 드러내고, 시간이 경과
하면서 서서히 존재의 자유가 가진 한계를 폭로한다. 존재의 자유
는 과거와 현재의 자유를 한정하고 과거와 현재의 자유에 충실하
게 만들지만, 생성의 자유는 현재의 자유를 성찰하고 미래의 자유
를 밝혀낸다. 존재의 자유가 제도적으로 완결된 범주화된 자유를
의미한다면, 생성의 자유는 비자유의 가치가 자유의 가치 영역으
로 변모하는 과정을 거쳐 만들어 낸 새로운 자유의 가치를 의미한
다. 자유가 끊임없이 생성되는 이유는, 사람이 항상 자유를 통해
자신의 정체성을 확인하는 속성 때문이다. 따라서 자유도 끊임없
이 성찰한다.

생성의 자유는 새로운 자유의 가치를 구상하여 그 가치를 이식하는 작업을 수행하기 때문에 본질적으로 구성적이다. 생성의 자유는 화석화된 자유가 아니라 꿈틀거리고 변화무쌍한 구성적인 자유이다. 그래서 새로운 자유를 찾아내는 일은 화석화된 존재의 자유 위에 생성의 자유를 더하거나 덧칠하는 작업이다. 이는 단지 잃어버린 자유를 찾는 것이 아니다. 어떤 외부적 영향력 때문에 감히 알지 못했거나 알면서도 말할 수 없었던 자유, 또는 당연히 필요하다고 생각하는 자유의 범주와 목록과 항목을 하나씩 표출하며 차츰차츰 자유로워지는 과정이다. 사람은 자유가 제재 받을 때 자유를 더 갈망하고 요구한다. 생성의 자유는 구체적이고 실질적인 사안에 대한 자유의 욕구가 충족될 때까지 끊임없이 자유를 추구한다. 생성의 자유는 속박과 구속처럼 자유에 대한 외부적인 규제에서 벗어나, 개인 권리의 내적 결핍을 채워 가면서 점차 자신의 권리를 확장한다. 생성의 자유는 존재의 자유가 상징하는 완결된 것 같은 자유가 아니라, 비자유의 상태에서 자유의 상태로 변전하도록 동기를 부여하고 끊임없이 구성적으로 만들어 가는 자유다. 따라서 생성의 자유는 결코 굳어진 화석이 될 수 없다. 자유의 속성은 제도화된 어제의 자유를 비판적으로 이해하고, 오늘의 비자유의 문제점을 새롭게 발견하며, 예측 가능한 내일의 자유를 예견하는 것이다.

유한한 공간에서 벌어지는 자유를 찾는 무수한 노력들 중에서 한정된 시간과 공간으로 고정시켜 자유의 범주를 붙잡아 내는 일이 존재의 자유로 완성된다면, 비자유의 영역으로 간주했던 미완의 자유 개념을 구체적으로 포착하여 찾아내는 작업은 생성의 자유가 담당한다. 생성의 자유는 존재의 자유의 범주를 뛰어넘어, 지금까지 밝혀지지 않은 필요한 권리를 발굴해 내고, 인간의 가치를 발현할 수 있게 하는 새로운 자유의 목록을 찾아내어 요구한다. 시간의 흐름을 정지시킨 채 공간에서 실체가 있는 사물 또는 대상처럼 자유를 붙잡는다면 존재의 자유로 고착되지만, 시간의 흐름 속에서 끊임없이 전개되는 새로운 자유의 실체를 포착하는 행위는 생성의 자유를 도출하는 과정이다. 존재의 자유가 수동적이라면, 생성의 자유는 능동적이다. 따라서 생성의 자유는 기존의 비자유 상태에서 벗어나기 위해 미세하지만 구체적이고 실질적인 새로운 자유의 가치 영역이라는 틈새를 뚫고 나온다. 새로운 자유를 받아들이는 일은 익숙한 자유의 실재인 존재의 자유와 낯선 자유의 가능성을 내포한 생성의 자유가 격돌하는 경계와 영역에서 창발한다. 그리고 시간의 흐름 속에서 새롭게 발굴된 자유의 범주와 목록과 항목은 정당한 척도로 인정받고 낡은 존재의 자유를 밀어내며 새로운 생성의 자유를 만들어 낸다.

이 세상에 영원은 없다. 단지 영원할 것이라는 신념과 확신만 영원하다. 자유는 결코 완결된 개념이 될 수 없다. 자유를 박탈당한 사람은 현재 거주하는 삶에 충실하기 위해 새로운 자유를 요청하고 이를 끊임없이 확장하려는 열망을 갖는다. 따라서 자유는 고정된 개념이 아니다. 개인마다 중요하다고 생각하는 상이한 자유의 영역에 상응하는 자유의 가치와 대상을 확보하기 위해, 사람은 새로운 자유를 끊임없이 요청한다. 자유가 변화하지 않고 고착된 존재의 특징이 아닌 끊임없이 변화하는 생성의 특징을 갖는 이유다.

정리하자면, 존재의 자유는 동일성에 주목하고 고정된 하나의 가치로서 보편적인 속성을 갖는다. 부동성을 기반으로 기존의 체계를 고집하며 닫힌 공간에 안주하려고 하며, 제도적으로 고착된 자유에 만족한다. 반면에 생성의 자유는 차이성에 주목하고 자유 개념이 확장되는 현상의 인과성을 상대주의적인 속성으로 파악한다. 생성의 자유는 개방적이고 역동적이고 운동성의 경향을 띠며, 직관적으로 새롭게 자각한 개인적 권리를 자유로 바꾸어 지속적으로 새로운 자유의 의미를 창출한다. 따라서 존재의 자유는 익숙한 자유의 실재이고, 생성의 자유는 낯선 자유의 가능성이다.

자유는 익숙하지 않고 낯설지만 새롭게 제시된 권리를 인정하는 과정에서 찾아야 한다. 그래서 생성의 자유는 내면적 성찰을 통한 자기실현을 위해 각 개인이 중요하게 생각하는 특정한 가치의 영역에서 새롭게 깨닫게 되는 구체적이고 실질적인 권리의 목록과 항목을 당당하게 주장하는 것이다. 존재의 자유로 응고되어 고착된 자유의 표준과 기준은 생성의 자유가 도출되는 과정을 통해 존재의 자유에게 새로운 자유의 표준과 기준을 받아들이도록 권유하거나 유도하고 이 과정은 끊임없이 지속한다.

추억, 기억, 상상은 과거, 현재, 미래를 바라보는 인간의 상념이다. 추억은 과거의 자유를 회상하고, 기억은 현재의 자유를 곱씹으며, 상상은 미래의 자유를 구상한다. 자유의 미래는 구체적이고 미세한 개인적인 권리를 찾아내어 개인의 자율성과 내면적 자유가 보장되는 생성의 자유 형태로 전개된다. 인간의 욕망과 삶이 영속한다면 생성의 자유를 찾기 위한 노력 또한 끊임없이 계속될 것이다. 자유가 지속적으로 생성되는 이유는 자유의 결핍과 비자유의 불편함을 자각한 인간이 항상 자유를 통해 자신의 정체성을 확인하고자 하기 때문이다. 인간이 진정한 자유를 찾고 완결할 수 있는 방법은 자신만의 권리를 깨닫고 찾아내어 새로운 자유의 목록과 항목을 확장하고 증대시키는 것뿐이다. 이를 위해서는 미완의 자유를 찾아내기 위해 끊임없이 자유에 대해 생각하고 의지를 세우며 행위하는 것뿐이다.

자유의 결핍과 비자유의 불편함은 사람으로 하여금 새로운 자유를 갈망하게 하고, 우연하게 솟구치는 새로운 의미의 자유를 지속적으로 창발하게 만든다. 엄밀히 말해, 자유는 역설적으로 비자유에 빚지고 있다. 자유의 결핍과 비자유의 불편함은 자유를 생각할 동기를 부여하고 새로운 자유를 포착하도록 유도한다. 자유는 결코 완결될 수 없고 끊임없이 찾아가는 것이다. 자유의 본질은 새로운 생각을 받아들이는 것이다. 모든 것이 그렇지만 자유 역시 성찰하고 성장한다. 자유가 부족하면 부족할수록, 자유가 없으면 없을수록, 자유가 없다고 느끼는 순간 새로운 자유는 시작된다. 사람이 자유를 포기하지 않듯이, 자유도 사람을 포기하지 않는다. 이 세상에 완벽한 자유는 없다. 단지 완벽에 가까운 자유를 찾으려는 노력이 있을 뿐이다. 이 노력이란 바로 자유가 마음에서 퍼뜩 창발하는 순간을 포착하는 것이다. 자유의 속성은 각 개인이 자신이 필요로 하는 권리의 영역에서 자유를 생각할 자유를 포착하고, 새로운 자유를 끊임없이 발굴하여 그 넓이와 깊이를 확장하는 것이다.

참고문헌

김교환, 《자유주의와 사회주의의 진화》, 서울: 매봉, 2018.

김동현, 〈생명과학과 정치의 인식론적 논의〉, 《생명과학기술과 정치》, 서울: 푸른길, 2022, 17~46쪽.

김동현, [서평] 〈한국민주주의의 기록으로서 글쓰기〉, 《의정연구》, 63호, 2021, 177~185쪽.

김동현, 〈선입견의 본질: 존재의 선입견과 생성의 선입견〉, 《국가와 정치》, 29집 2호, 2023, 49~88쪽.

김비환, 《개인적 자유에서 사회적 자유로》, 서울: 성균관대학교출판부, 2018.

남경태, 《철학입문 18: 철학으로 들어가는 18개의 문》, 서울: 휴머니스트, 2013.

데이비드 오렐, 《거의 모든 것의 미래》, 이한음 옮김, 서울: 리더스북, 2010.

라르스 스벤젠, 《자유를 말하다: 무엇이 나를 인간답게 만드는가》, 박세연 옮김, 서울: 엘도라도, 2015.

라이다 맥스웰, 〈권리들을 '가질' 권리〉, 스테파니 데구이어 외 4인, 《권리를 가질 권리》, 김승진 옮김, 서울: 위즈덤하우스, 2018.

레셰크 코와코프스키, 《위대한 질문: 의문문으로 읽는 서양철학사》, 석기용 옮김, 서울: 열린책들, 2010.

레이몽 부동, 《지식인은 왜 자유주의를 싫어하는가》, 임왕준 옮김, 서울: 기파랑, 2007.

리처드 도킨스, 《이기적 유전자》, 홍영남 · 이상임 옮김, 서울: 을유문화사, 2023.

리처드 로티, 《우연성, 아이러니, 연대성》, 이유선 옮김, 서울: 민음사, 1996.

마르틴 하이데거, 《존재와 시간》, 이기상 옮김, 서울: 까치, 1998.

모리스 크랜스턴, 《자유와 인권》, 황문수 옮김, 서울: 문예출판사, 2014.

문지영, 《자유》, 서울: 책세상, 2009.

미하이 칙센트미하이, 《몰입의 즐거움》, 이희재 옮김, 서울: 해냄출판사, 2021.

비르기트 레키, 《자유》, 조규희 옮김, 콘라트 파울 리스만 편집, 서울: 이론과실천, 2014.

사이먼 크리츨리, 《죽은 철학자들의 서: 기이하고 우스꽝스러우며 숭고한 철학적 죽음의 연대기》, 김대연 옮김, 서울: 이마고, 2009.

샬롯 메이슨, 《교육철학: 창의적 학습의 통로》, 노은석 옮김, 서울: 디씨티와이북스, 2019.

스테파니 데구이어 외 4인, 《권리를 가질 권리》, 김승진 옮김, 서울: 위즈덤하우스, 2018.

알프레드 노스 화이트헤드, 《관념의 모험》, 오영환 옮김, 서울: 한길사, 2000.

앙리 베르그손, 《의식에 직접 주어진 것들에 관한 시론》, 최화 옮김, 서울: 아카넷, 2011.

앤드류 헤이우드, 《사회사상과 정치 이데올로기》, 양길현 · 변종헌 옮김, 서울: 오름, 2014.

앤드류 헤이우드, 《정치이론》, 권만학 옮김, 서울: 명인문화사, 2016.

앤서니 기든스, 《현대성과 자아 정체성》, 권기돈 옮김, 서울: 새물결, 2010.

에리히 프롬, 《인간의 마음》, 황문수 옮김, 서울: 문예출판사, 2004.

에마누엘 레비나스, 《전체성과 무한: 외재성에 대한 에세이》, 김도형 · 문성원 · 손영창 옮김, 서울: 그린비, 2018.

에티엔 드 라 보에시, 《자발적 복종》, 박설호 옮김, 서울: 울력, 2015.

이사야 벌린, 《낭만주의의 뿌리》, 강유원 · 나현영 옮김, 서울: 이제이북스, 2005.

이사야 벌린, 《이사야 벌린의 자유론》, 박동천 옮김, 서울: 아카넷, 2014.

임마누엘 칸트, 《도덕 형이상학 정초》, 김재호 옮김, 서울: 위너스초이스, 2007.

임마누엘 칸트, 《순수이성비판》, 백종현 옮김, 서울: 아카넷, 2006.

임마누엘 칸트, 《실천이성비판》, 백종현 옮김, 서울: 아카넷, 2019.

임마누엘 칸트, 《윤리형이상학 정초》, 백종현 옮김, 서울: 아카넷, 2005.

임마누엘 칸트, 《판단력 비판》, 백종현 옮김, 서울: 아카넷, 2009.

장 그롱댕, 《현대해석학의 지평》, 최성환 옮김, 경기: 도서출판 동녘, 2019.

장은수, 〈문턱에 대하여: 어리석은 사람만이 무지개 아래에서 황금 냄비를 찾는다〉, 《신세계》, April 2020, Issue 24, 112~115쪽.

제레미 리프킨, 《바이오테크 시대: 생명공학 기술은 인류의 희망인가, 재앙인가》, 전영택 · 전병기 옮김, 서울: 민음사, 1999.

조지 레이코프 · M. 존슨, 《삶으로서의 은유》, 노양진 · 나익주 옮김, 서울: 도서출판 박이정, 2006.

조지 레이코프, 《자유 전쟁: 자유 개념을 두고 벌어지는 진보와 보수의 대격돌》, 나익주 옮김, 서울: 프레시안북, 2009.

존 스튜어트 밀, 《자유론》, 서병훈 옮김, 서울: 책세상, 2018.

줄리언 바지니, 《자유의지: 자유의 가능성 탐구》, 서민아 옮김, 서울: 스윙밴드, 2017.

지그문트 바우만, 《자유》, 문성원 옮김, 서울: 이후, 2002.

칼 슈미트, 《땅과 바다: 칼 슈미트의 세계사적 고찰》, 김남시 옮김, 서울: 꾸리에, 2014.

켄틴 스키너, 《켄틴 스키너의 자유주의 이전의 자유》, 조승래 옮김, 서울: 푸른역사, 2007.

필립 페팃, 《신공화주의》, 곽준혁 옮김, 서울: 나남, 2012.

필립 페팃, 《왜 다시 자유인가: 공화주의와 비지배 자유》, 곽준혁 · 윤채영 옮김, 서울: 한길사, 2019.

프리드리히 니체, 《권력에의 의지》, 강수남 옮김, 서울: 청하, 1988.

프리드리히 니체, 《선악을 넘어서》, 강두식 · 곽복록 옮김, 서울: 동서문화사, 2017.

프리드리히 니체, 《우상의 황혼》, 강두식 옮김, 서울: 동서문화사, 2016.

프리드리히 니체, 《차라투스트라는 이렇게 말했다》, 정동호 옮김, 서울: 책세상, 2016.

Arendt, Hannah. *The Origins of Totalitarianism*, New ed., 1986, San Diego: Harvest.

Arendt, Hannah. "The Rights of Man: What Are They?", *Modern Review*, 1949, 3:1, Summer, 24-37.

Aristotle, *Nicomachean Ethics*, Translated by Terence Irwin, 1985, Indianapolis: Hackett Publishing Company.

Aristotle, *Nicomachean Ethics*, Translated by Robert C. Bartlett and Susan D. Collings, 2011, Chicago: Hackett Publishing Company.

Berdyaev, Nicholas. *Freedom and the Spirit*, Translated by Oliver Fielding Clarke, 1948, New York: The Centenary Press.

Bergson, Henri. *Time and Free Will: An Essay on the Immediate Data of Consciousness*, Translated by F. L. Pogson, 2001, London: Dover Publications.

Berlin, Isaiah. "Two Concepts of Liberty," *Four Essays on Liberty*, 1969, Oxford: Oxford University Press, 118-172.

Bobbio, Noberto. *Liberalism and Democracy*, Translated by Kate Soper and Martin Ryle, 2020 (1990), London: Verso.

Bronner, Stephen Eric. *Ideas in Action: Political Tradition in the Twentieth Century*, 2000, Lanham: Rowman & Littlefield Publishers.

Constant, Benjamin. *The Liberty of Ancients Compared with that of Moderns*, 1819, Unknown.

Dupré, John. *The Disorder of Things: Metaphysical Foundations of the Disunity of Science*, 1995, Cambridge, M.A.: Harvard University Press.

Fogel, Robert & Stanley Engerman, *Time on the Cross: The Economics of American Negro Slavery*, 1974, Boston: Little Brown.

Frankfurt, Harry G. *The Reasons of Love*, 2004, Princeton: Princeton University Press.

Fromm, Erich. *Escape from Freedom*, 1994, London: Holt Paperbacks.

Galipeau, Claude J. *Isaiah Berlin's Liberalism*, 1994, Oxford: Oxford University Press.

Giddens, Anthony. *Modernity and Self-Identity*, 1991, Oxford: Polity Press.

Gündoğdu, Ayten. *Rightness in an Age of Rights*, 2014, New York: Oxford University Press.

Habermas, Jürgen. "Freiheit und Determinismus," *In: Deutsche Zeitschrift für Philosophie*, 52. Jg., Heft 5, 2004, 871-890.

Habermas, Jürgen. "The New Obscurity: The Crisis of the Welfare State and the Exhaustion of Utopian Energies," *The New Conservatism*, Edited and translated by Shierry W. Nicholson, 1989, Cambridge, MA: Polity Press.

Homer, *The Odyssey*, Translated by Alexander Pope, 2020, Independently published.

Honneth, Axel. *Freedom's Right: The Social Foundations of Democratic Life*, 2014, New York: Columbia University Press,

James, William. *The Principles of Psychology*, in two volumes. 1890, New York: Henry Holt and Company.

Jobs, Steve. https://www.youtube.com/watch?v=1utzfa-a5AY[20201205]

Kane, Robert. *A Contemporary Introduction to Free Will*, 2005, Oxford: Oxford University Press.

Kierkegaard, Søren. *Either/Or: A Fragment of Life*, 1992, London: Penguin Classics.

Libet, Benjamin. "Unconscious Cerebral Initiative and the Role of Conscious Will in Voluntary Action," in the *Behavioral and Brain Sciences*, Vol. VIII, 2005, Cambridge: Cambridge University Press, 529-539.

Locke, John. *Second Treatise of Government*, C.B. Macpherson ed., 1980, Indianapolis: Hackett Publishing Company.

Lucretius, *On the Nature of Things*, Translated by Frank O. Copley, New York: Norton, 1977.

Maxwell, Nicholas. *From Knowledge to Wisdom: A Revolution in the Aims and Methods of Science*, 1984, Oxford: Blackwell.

Müller, Friedrich Max. *Comparative Mythology: An Essay*, 1909, London: Routledge.

Nietzsche, Friedrich. *The Will to Power*, Translated by Walter Kaufmann and R. J. Hollingdale, 2011, New York: Vintage.

Nietzsche, Friedrich. *Thus Spoke Zarathustra: A Book for Everyone and No One*, Translated by R. J. Hollingdale, 1961, London: Penguin Classics.

Nussbaum, Martha. *Women and Human Development: The Capabilities Approach*, 2000, Cambridge: Cambridge University Press.

Orell, David. *Apollo's Arrow: The Science of Prediction and the Future of Everything*, 2008, New York: Harper Perrenial.

Pettit, Philip. *Just Freedom: A Moral Compass for a Complex World*, 2014, New York: W. W. Norton & Company.

Pettit, Philip. *Republicanism: A theory of Freedom and Government*, 1997, Oxford: Oxford University Press.

Popper, Karl. *The Poverty of Historicism*, 1961, Routledge & Kegan Paul.

Prigogine, Ilya & Isabelle Stengers, *Order out of Chaos: Man's New Dialogue with Nature*, 1984, New York: Bantam Books.

Rainwater, Janette. *Self-Therapy*, 1989, London: Crucible.

Rawls, John. *A Theory of Justice*, 1971, Cambridge, M.A.: Harvard University Press.

Roubiczek, Paul. *Existentialism: For and Against*, 1964, Cambridge: Cambridge University Press.

Rousseau, Jean-Jacques. *The Social Contract and Other Later Political Writings*, ed. v. Gourevitch, 1997, Cambridge: Cambridge University Press.

Schopenhauer, Arthur. *Preisschrift Über die Freiheit des Willens*. In: ders.: Werke, Bd. III. Hg. von Ludger Lütkehaus. Zurich: Haffmans, 1988 (1839).

Shakespeare, William. *Hamlet*, Edited by Cyrus Hoy, A Norton Critical Edition, 2nd ed., 1992, New York: Norton, Act II. Scene II, 216-230.

St. Ambrosius, *Corpus scriptorim ecclesiasticorum latinorum*, vol. 82, part 1, Edited by Otto Faller, 1968, Vienna.

Walzer, Michael. *Spheres of Justice: A Defense of Pluralism and Equality*, 1983, New York: Basic Books.

Wolfe, Tom. *Holling Up*, 2000, New York: Farrar, Straus & Giroux.

자유의 포착

2024년 4월 2일 초판 1쇄 발행

지은이 | 김동현
펴낸이 | 노경인 · 김주영

펴낸곳 | 도서출판 앨피
출판등록 | 2004년 11월 23일 제2011-000087호
전화 | 02-336-2776 팩스 | 0505-115-0525
블로그 | bolg.naver.com/lpbook12
전자우편 | lpbook12@naver.com

ISBN 979-11-92647-33-3